# 小学诗画
# 作文课程的实践研究

姚 凤  潘玉华 / 著

吉林出版集团股份有限公司
全国百佳图书出版单位

### 图书在版编目（CIP）数据

小学诗画作文课程的实践研究 / 姚凤，潘玉华著. — 长春：吉林出版集团股份有限公司，2022.12
ISBN 978-7-5731-2268-1

Ⅰ.①小… Ⅱ.①姚… ②潘… Ⅲ.①作文课－教学研究－小学 Ⅳ.①G623.242

中国版本图书馆CIP数据核字（2022）第173439号

## XIAOXUE SHIHUA ZUOWEN KECHENG DE SHIJIAN YANJIU
## 小 学 诗 画 作 文 课 程 的 实 践 研 究

| 著　　者 | 姚　凤　潘玉华 |
| --- | --- |
| 责任编辑 | 宫志伟 |
| 装帧设计 | 言之凿 |

| 出　　版 | 吉林出版集团股份有限公司 |
| --- | --- |
| 发　　行 | 吉林出版集团社科图书有限公司 |
| 地　　址 | 吉林省长春市南关区福祉大路5788号　邮编：130118 |
| 印　　刷 | 唐山富达印务有限公司 |
| 电　　话 | 0431-81629711（总编办） |
| 抖音号 | 吉林出版集团社科图书有限公司　37009026326 |

| 开　本 | 787 mm×1092 mm　1 / 16 |
| --- | --- |
| 印　张 | 10 |
| 字　数 | 160 千 |
| 版　次 | 2023年1月第1版 |
| 印　次 | 2023年1月第1次印刷 |

| 书　号 | ISBN 978-7-5731-2268-1 |
| --- | --- |
| 定　价 | 58.00 元 |

如有印装质量问题，请与市场营销中心联系调换。0431-81629729

# 序 言 一

## 枳花明"墙"

  小学生作为6到12岁年纪的孩子，他们探索世界的眼睛刚刚睁开，内心的小宇宙刚刚开始建设，对世界表达自己情绪与想法的通道刚刚形成。每一句话，每一个表情，每一点设想，都保留着温度和灵性——他们是最接近天使和天才的群体，也是最能够表达自己的天分和机巧的群体。

  在教育领域，小学生除了自言自语和随意嬉戏，表达的形式也开始拓展为"写话"或"写作文"。

  小学生对着自己朝夕相处的小伙伴和自己喜爱的老师，把想说的说出来，想写的写出来，给自己的小宇宙里增加一些内涵，对着外部世界发出自己的"声音"，并且让外面的"回声"有趣地传入——内在的潜力因之不断被激发；表达的水平因之不断被提升；自己与外部世界的交流通道因之越来越通畅……多么美好且奇妙的事情啊！

  可是说来奇怪，很多小学生并不喜欢"写话"或"写作文"。两年前，我参与了一项关于小学生的抽样调查工作，当他们被问及对"写话写作文的兴趣"时，68%的学生表示"不喜欢"。而且年龄越大、年级越高，"不喜欢"的同学似乎越多，他们所写的东西也并没有尽如人意。按理说，年龄越大、学段越高，性灵发育越充分，学生们写的东西应该越来越有趣、越来越精美，但大部分学生作文的确是写长了，内容也貌似越来越丰富了，结构似乎也越来越讲究了，可是细细一品，发现内在的灵气和生机越来越少，文字越来越"僵"，甚至或隐或现地冒出"匠气"。

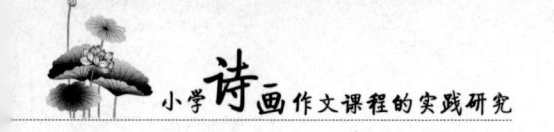

为什么美好的事情却有不美好的感觉？

表达这种事儿，一半出自孩子的天性，一半出自老师对天生禀赋的呵护、激发与培育。虽然社会上各种辅导学生写作的"秘籍"层出不穷，老师在引导学生成长方面不遗余力，但是老师无论在意识上还是策略上，都没有做到把学生的写作当作激发和培育学生心灵的过程；没有把写作当作激发—内化—输出的内在机制的产物；没有像大地孕育种子一样提供阳光和雨露。

所以"教"写作成为难题！没有足够的思考和经验，没有强悍的信念和定力，没有"操千曲而后晓声，观千剑而后识器"的漫长而玄妙的历程，"说话""写作"这种既关乎学生内心又必须联结外部世界，既立足学生个性又需要讲求方法的事情，哪里那么轻而易举就能找到突破！

令人惊异的是，没有商业利益驱动，没有所谓义务加持，在繁忙的上课、备课、开展活动、看护学生之余，一群小学教师竟然可以开发出一整套诗画写作教程："五级三线一体"的诗画作文课程。

纵向上，该课程对应一至五年级，几乎覆盖整个小学阶段。一、二年级的教材用形象有趣的语言标注主题，分别是：放大镜、指南针、漂流瓶、聚宝盆；三、四年级的教材是富有诗意的版块：轻叩柴扉、指点迷津、柳暗花明；五年级的教材散发着文艺的气息：文海拾贝、文趣共品、妙语连珠（妙笔生花）。

横向上，该课程分为"小练笔、口语交际、单元综合训练"三种课型。小练笔课堂按照四大环节有序推进：激趣导入，揭示课题—巧借图文；导练读（说）写—互动交流；评改习作—课堂小结；课后拓展。口语交际课堂的四大环节则分别是：创设情境，导入课题—借助画文；导学方法—组际交流；互动评改—总结延伸；平台共享。单元综合训练课堂的三大环节分别为：启导—练写（说）—评改。

这些环节全部借意趣为杠杆，以诗、画为载体，通过诗、画与习作的紧密契合，创设言语表达的情境，使阅读教学和作文教学互融，引导学生主动参与言语表达实践，促进学生言语表达的兴趣和能力的提升。整个作文课程从能力维度来设计编排，突出学生认知水平和表达能力内在发展的系统性和序列性，并呈现出螺旋递进的发展特点。课程借助相关理论的指导，从构建说话写话习作的教学目标序列、内容序列、方法策略、评价手段等方面进行思考探索，使说话、写话、习作的教学按照从易到难、由浅入深的规律，循序渐进、合理有序地开展。这套课程的内容选择与教材语文要素融通，与儿童生活契合，在能力要求上层层递进，在难度上螺旋上升。其既是"教本"，更是"学本"。

这群小学老师看到了教学中的问题，研究了学生写作中的苦恼，对应学生的发展目标，立足学生的心智特点，探索学生思维发展的规律，不仅教学生写作，还要让学生在美好的天地里写作——借写作引导学生营建更美好的天地……

学生的世界本来就是生动而丰富的。写作不是要剥夺这种生动和丰富，而是要强化和升华这种生动和丰富。写作就是要借"写作"这种途径，以更丰富生动的形式，引导学生抵达更生动与丰富的领域，成就其更生动丰富的新世界。

"诗画写作"既全方位观照学生的灵性，又在轻松愉快的背后"潜伏"着"理性"系统，让读、思、写一体，让学生灵巧地输入、灵动地思考、灵活地输出，它集学生观察力培养、辨识力发育、自主体验性养成、同伴合作精神生长、综合表现能力发展于一体，让写作变成水到渠成、自然而然的思想情意的涌动。其以教师的"苦心孤诣"，成就学生自然而又有章法的"随心所欲"。

这是一种温暖的深刻。在"双新""双减""双增"背景下，在传统教育惯性和现实种种困难面前，在新的课程要求、先进的教育理念催生之下，很多教育智慧呼之欲出而未出。但诗画作文课程令人激动，它是一个鲜明的信号。很多教师在执着追求，他们不改初衷，并不只凭热情，他们有更深层次的思考和探索，他们在成长中突破，在突破中获得幸福。

谈到教育，很多人熟知一句比喻——教育是"一棵树摇动另一棵树，一朵云推动另一朵云"。"诗画写作"的编写者们告诉我们，教育其实是用一种生动催发另一种生动，用一种幸福唤醒另一种幸福。

姚凤、潘玉华是明强小学的老师，我并没有去过明强小学，只在一次区域阅读活动中，对他们学生的突出表现印象深刻。又因为项目研究的关系，我两次被邀请见了明强小学的校领导。说实话，对小学特别是对郊区小学，我从不怀疑他们的美好，但是对于他们的"课程建设""教育理念""项目研究"之类的议论，我经常并不当真。

但是明强小学的领导们对学校文化、学生的喜爱以及学生发展特质理解之深切令我动容。他们颠覆了我的认知，甚至改变了我对基础教育的悲观和怨念。

这一次，他们不仅聚焦"诗画写作"，而且还原研究历程。他们以"诗画写作"为核心，从概念辨析、教学策略、教学实施、教学评价等维度进行系统建构，分"课程指南""课程内容""课程实施""诗画作文的评改"和"课程评价"五个章节展开，"集结"而成了《小学诗画作文课程的实践研究》一书，令人钦佩。但是，我固执地相信，"诗画写作"课程只是明强小学诸多成果中的一部分，甚至只是其中的一小部分。因为，只有在丰厚的文化基础的土壤上，教学研究才能结出这样有分量且美好的"果子"——它是要凭借一整个春天才能结下的"果子"。

这本书马上付梓，我受邀为他们写序。一般情况，作者出书都难免借"重"——写序的人最好为行业翘楚，但是明强小学不去邀请名家大师，却找到我这个名不见经传的教师。明强的文化由此可见一斑。

王白云

复旦大学附属中学 正高级语文特级教师

# 序 言 二

因为我是闵行区七宝明强小学语文骨干基地主持人姚凤校长和副主持人潘玉华主任的"师傅",所以和诗画作文研究有了不解的情缘,见证了她们艰辛的研究历程。

我清楚地记得,姚凤开始做诗画作文研究时,还在马桥实验小学当校长。那时的马桥实验小学刚刚建校,她手头学校管理方面的事务千头万绪,但仍然坚持一边在上海市小学语文名师培养基地学习,一边潜心研究诗画作文。她不但为上海市小学语文名师基地的老师们上了一节高水平的诗画作文指导课,还出了一本体现诗画作文研究阶段性成果的图文并茂的学生作品集。我被她的这种坚韧不拔和孜孜以求的精神所折服!

令我意想不到的是,她任百年名校七宝明强小学校长后,天地更宽了,平台更高了,管理工作更忙了,但还能让在马桥实验小学时孕育的诗画作文这粒"种子"在七宝明强小学扎根,在区小学语文骨干基地"开花、结果"。

我觉得这个"意外"的"应运而生",是因为姚凤校长凭借的不仅仅是坚韧不拔、孜孜以求的精神,还有为闵行区基础教育提升而殚精竭虑的默默奉献的情怀,更有开展教育研究的方法策略智慧的支撑。我为闵行区基础教育能有姚凤这样的校长而感到欣慰,因为像这样的校长越多,闵行区基础教育质量的提升就会越快、越好。

我觉得这个"意外"的"呱呱坠地",还因为姚凤有个"贤内助"——七宝明强小学西校区教导主任潘玉华。在诗画作文研究过程中,姚凤校长出思想、出策略,潘玉华主任抓落实、抓成效,两个人配合默契。这样,使诗画作文研究的每一个环节都能做到"抓铁有痕"。学校教学管理和教科研工作实在是太需要像潘玉华主任这样的中层干部,她既能准确理解校长的思想,又能一

步一个脚印地将研究工作落实到位。一所学校这样的中层干部越多,校长就越省心省力。

我觉得这个"意外"的"瓜熟蒂落",更因为闵行区明强小学语文骨干基地有一批热爱小学语文教学工作的老师,她们在基地主持人和副主持人的引领和指导下,主动积极地参加每一次研究活动。不论研究与实践工作多么艰辛,她们既要设计课程图谱、编制每一次诗画作文任务单和教学方案,并在自己的课堂实践中检验和重构,还要撰写研究论文……她们都能满腔热情地保质保量地完成研究任务。她们不但善于思考,还勇于实践探索,摸着石头过河,硬是蹚出了一条成功之路,使教学能力和科研水平在一次次磨砺中快速提升。我们从中可见,明强小学语文骨干基地已经成为名副其实的区学科骨干教师的"孵化器"。

为了让诗画作文课程在课堂上产生理想的教学效果,她们还做了三项艰巨的研究工程。一是根据学生的认知特点,设计并完善各年段各课诗画作文导学单。各年段的诗画作文导学单各不相同,自成体系。教师如果按年级将这些导学单编印成册,发给学生,就是学生使用的学本,使学生诗画作文的训练有充足的准备和强有力的支撑。二是依据课程图谱,编写各年级各课诗画作文教学方案并经过课堂教学实践的验证。基地同研究组的老师相互听评,再反思重建,并在此基础上,总结提炼出"小练笔""口语交际""单元综合训练"三种诗画作文指导课的教学基本模式,接着再让基地的学员老师按三类指导课教学基本模式的要求修改完善各自的教学设计。这看似繁复的操作,实则是科研的必经之路。只有这样,才能去伪存真,去粗取精;才能历练师资队伍,提升她们的课堂教学实践和教学科研的能力;才能使诗画作文课程的课堂实施具有强大的可辐射性和广泛的运用价值。三是根据《课程标准》等的年段目标要求以及教学与评价建议,制订并完善诗画作文课堂教学评价标准,让诗画作文指导课的设计与执教有"法"可依。

总之,我们阅读这本书,不仅能了解诗画作文课程实施的意义和作用、教学与评价的理念及要求,还能够根据诗画作文图谱,系统安排好学生的表达训练,并能依据书中介绍的诗画作文指导课的三种教学基本模式和课堂教学评价标准，设计、组织好课堂教学，有效提升学生的表达能力，更能从中学到开展教科研工作的科学方法，感受到她们严谨扎实的研究态度和敢为人先、锲而不舍的精神品质。

从目前看，诗画作文课程只在基地学员所在的学校和班级里实施，受益面实在是太小，应该且必须在更大的范围内推广运用。这本书的问世，无疑为接下来的推广工作提供了条件。基地本身、区教研教科研部门通过举办成果推荐会、教学展示等活动力推该项研究成果，那该是多有意义的一件事啊！我愿为此尽一点绵薄之力！

杨献荣<br>
上海市闵行区教育学院语文特级教师

# 目　录

## 第一章　小学诗画作文课程概述 …………………………… 1

第一节　课程的定义 …………………………………… 2

第二节　课程的意义和价值 …………………………… 8

第三节　课程的理念、框架及目标 …………………… 10

第四节　课程的教学建议 ……………………………… 19

第五节　课程的评价建议 ……………………………… 33

## 第二章　小学诗画作文课程图谱的建构 …………………… 39

第一节　课程图谱建构的依据 ………………………… 40

第二节　课程图谱建构的内容 ………………………… 51

## 第三章　小学诗画作文课程的实施 ………………………… 95

第一节　教学设计 ……………………………………… 96

第二节　课程管理 ……………………………………… 115

## 第四章　小学生诗画作文的评改 …………………………… 119

第一节　诗画作文的评改原则 ………………………… 120

第二节　诗画作文的评改方式 ………………………… 125

第五章　小学诗画作文课程实施的意义……………………………………131

　　第一节　诗画作文课程与学生综合素养………………………………132

　　第二节　诗画作文课程与教师综合素养………………………………141

参考文献……………………………………………………………………147

# 第一章

# 小学诗画作文课程概述

## 第一节　课程的定义

### 一、诗画作文的定义

诗画作文，顾名思义，即指诗、画、作文。其实三者并非独立的词汇，而是具有一定的联系。其中诗和画是手段、是过程、是辅助、是媒介，最终落实在"文"上，也就是"作文"。这里的"诗"指古诗、现代诗、儿歌、童谣等多种形式的诗歌文本；这里的"画"可以是静态的画，也可以是动态的画，如图像、视频；这里的"作文"指的是言语表达，包括口语和书面语表达，如说话、写话、仿写、改写、扩写、写片段、写文章等。

诗画作文简单来说，就是用"古诗、现代诗、儿歌、童谣"或者"静态画、动态画"等手段，有效地引导学生产生创作的兴趣，指导学生进行口语交际、练笔、习作等，提升学生言语表达的兴趣和能力。

从语文教学专业的角度来释义：教师以诗、画为载体，通过"诗""画"与"习作"的紧密结合，创设言语表达的情境，实现"画语—诗语—话语"三者之间有机融通的体验、转化、再生、创作。从画语创作的角度，可以充分挖掘低年级教材及教材之外、生活中的素材，运用图像语言这种低年级学生较为感兴趣的情感表达方式，以读图、解图、述图、作图等多种途径丰富低年级学生的情感表达，实现与诗语、话语之间的有效融通。从诗语创作的角度，可以充分挖掘和运用中、高年级教材及教材之外、生活中的古诗、现代诗、儿歌、童谣等多种形式的诗歌文本等，运用其蕴含的丰富情感及浓缩的诗语特征，引导学生把诗语转化、再生、创作成个性化的儿童诗化语言。通过开展诗画作文活动，引导学生主动参与到言语表达的实践中，促进学生言语表达的兴趣和能力的稳步提升。

## 二、开展诗画作文研究的依据

### (一) 国内研究

国内几种具有影响力的小学作文训练序列教学探索如下:

**1. 作文分步训练**

以杭州大学朱作仁和李卫民的"小学作文程序训练"实验为代表,根据小学生的年龄特征及小学语文教学大纲的作文要求,确定了各年级的训练重点:一、二年级重点训练把语句写通顺;三年级重点训练把事情写具体;四、五年级重点训练审题、立意和谋篇。

**2. 作文素描训练**

这一训练模式是由上海的吴立岗教授和特级教师贾志敏提出的。所谓"素描训练",即以观察实物、场景,如静物、小动物、景物、房间陈设以及人物的动作、对话、外貌等作为途径,以片段和简单的篇章作为形式,将描写和叙述结合起来,运用白描手法反映周围生活的记叙文训练。具体要求如下:

① 一年级,口语训练。

② 二年级,写话训练。

③ 三年级,片段训练。

④ 四年级,半独立的篇章训练。

⑤ 五、六年级,独立的命题作文训练。

**3. 作文分格训练**

分格训练的"格",指单一的基本训练单位,相当于"单项训练",从说话、写话、片段训练到篇章训练,选材从写人记事到写景状物,从审题、立意、组材到开头结尾,从培养观察能力到把众多的作文难点分解成发展语言、思维能力的一个一个具体训练的"格",见表1-1。

表1-1 作文分格训练

| 格名 | 说明 | 例句 |
| --- | --- | --- |
| 颜色白描 | 只写出各种物体的颜色，不加形容修饰 | 碧绿的湖水，映着蓝天白云，更显得清澈 |
| 形色合写 | 既写颜色，又写形状 | 中央是一盏红五角星大灯，发出灿烂的光芒 |
| 动色合写 | 既写颜色，又写动作 | 小草偷偷地从土里钻出来，嫩嫩的，绿绿的，惹人喜爱 |
| 声色合写 | 既写颜色，又写声音 | 那一阵风过后，只见乱树背后"扑"的一下，跳出一只吊睛白额大虫来 |

**4. 新闻引路序列作文训练**

湖南刘德斌的"新闻引路作文教学法"的课堂教学体系通过"新闻写作训练—想象能力训练—思维能力训练—语言优化训练—研究性作文训练"的方法进行作文训练。

**5. 吴立岗小学作文训练**

吴立岗教授以"儿童语言交际功能"为主线构建作文的训练序列，根据儿童语言交际功能发展的年龄特点确定作文序列的简要说明，见表1-2。

表1-2 不同年龄的作文序列

| 年级 | 主导活动 | 语言交际功能的发展 | 作文训练的主要形式 | 思维训练重点 | 作文能力培养 |
| --- | --- | --- | --- | --- | --- |
| 一、二 | 读、写、算入门和游戏活动 | 想象和自我表现功能 | 童话体作文 | 想象能力 | 通过想象产生材料和用词造句的能力 |
| 三、四 | 比较系统的学习活动 | 观察和自我表现功能 | 素描作文 | 观察能力 | 通过观察产生材料、命题、表现中心，组织片段和简短记叙的能力 |
| 五、六 | 人际联系活动 | 个别影响和自我教育功能 | 实用作文和读书笔记 | 抽象思维能力 | 灵活运用记叙、说明、议论、抒情、应用等表达方式 |

**（二）小学语文教学相关资料**

**1.《义务教育语文课程标准（2011年版）》**

《义务教育语文课程标准（2011年版）》（以下简称《课程标准》）对习作

教学方面提出了具体要求。"能具体明确、文从字顺地表述自己的见闻、体验和想法。能根据需要，运用常见的表达方式写作"是课程标准提出的总体目标中的一部分。从中我们可以看出，《课程标准》对学生表达自我的高度重视。

课程标准在"总目标"的指导下，按一、二年级，三、四年级，五、六年级三个学段，分别提出"学段目标与内容"，各个学段相互联系，螺旋上升，最终全面达成总目标。参照上海的学段划分，我们诗画作文教学也是按一、二年级，三、四年级，五、六年级三个学段分组进行研讨与实践。

就学段目标而言，一、二年级为写话，重点在于"对写话有兴趣，写自己想说的话，写想象中的事物"，尝试将自己想说的话由口头语言转化为书面语言；三、四年级为习作，重视学生"清楚明白地讲述见闻，说出自己的感受和想法"，"能不拘形式地写下自己的见闻、感受和想象"；五、六年级为习作，强调"能写简单的记实作文和想象作文""学写常见应用文"。

从阶段习作目标可以看出，课程标准遵循从乐于写话、自由表达到简单的记实作文、想象作文，再到学会常见应用文的基本序列。

**2.《义务教育教科书（五·四学制）语文教师教学用书》**

目前，全国使用的部编版语文教材采用了主题单元编排的形式，每个单元都是双线并行，即人文主题和语文要素两条线索。每个单元都围绕这两条线索进行单元内阅读课文的精略安排，口语交际、习作内容的选择，综合实践活动的开展。"读写结合"是教材编写的基本思想，单元内容的编选对儿童的阅读和习作有一定的示范作用，是儿童开展学习活动的有效凭借，是教师实施课堂教学活动的依据。纵观教材，对学生知识技能的学习是有梯度的，对学生语言表达能力的培养也是有序列的。

从以上理论依据得出：语言的训练是有梯度的，有内在联系性的。诗画作文的课程编写也要遵循其内容间的联系，为语言的训练搭建阶梯。

## （三）当下学生写作现状分析

### 1. 写作素材的匮乏

小学生普遍感到作文难，有一个重要原因是"巧妇难为无米之炊"，也就是他们缺少写作的素材。诗和画的手段解决了"无米下锅"的问题，为小学生提供了比较直观的写作素材。

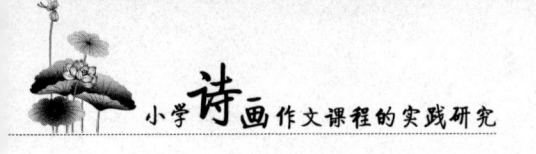

#### 2. 想象空间的局限

小学生的接触面比较狭窄，生活学习的环境也相对单一，写作的想象空间受到了的局限。古人说："诗中有画，画中有诗。"古诗语简义丰，在表达上存在跳跃性，为小学生展开丰富的想象留下了很大的空间；图画可以让小学生看得真切，在理解图意的基础上，可以推前想后。因此，诗和画都能在一定程度上促进学生想象力的发展。

#### 3. 言语表达的无序

小学生的思维容易跳跃，体现在表达出的语言或者写出的文章容易出现顺序前后颠倒、表达不完整等情况。以诗画作为载体，可以帮助小学生回忆生活场景和生活中的事件，并在头脑中还原成连续活动的画面。如果这个时候教师能够让小学生用简单的笔墨画出来，不仅有助于小学生对事件记忆的加深，更有助于小学生内部言语的梳理和加工。

诗画元素，是习作教学的一个重要载体，关注小学生当下的生活实际，关注小学生的身心发展，在习作内容的设置方面能够起到抛砖引玉的作用，能够唤起小学生的表达热情，激发小学生的表达欲望，拓宽小学生习作的内容平台。

### 三、诗画作文的研究目标

诗画作文的研究目标分为教师目标、学生目标和教学目标。

#### （一）教师目标

借助诗画元素激发学生口语表达的兴趣，化解学生口语表达的难点，着力创设言语表达的情境，使得阅读教学和作文教学互融；引导学生主动参与言语表达实践，促进学生言语表达兴趣和能力的提升。

#### （二）学生目标

根据各学段学生的认知与年龄特点，小学各年段学生在诗画作文教学中所要达成的目标如下：

#### 1. 低年级段（一、二年级）

（1）会仔细、有序地观察图（包括看单幅图和多幅图），用几句话描述古诗句描绘的画面。

（2）会将看到的、经历过的场景简单画出来，并用几句完整的话来描述画面。

（3）会读，会模仿，会创作儿童诗。

（4）尝试编写自己的生活绘本。

**2. 中年级段（三、四年级）**

（1）会看单幅漫画或多幅漫画，并进行片段描写。

（2）会从课内阅读中学习写作技巧，模仿写作片段，表达自己的真情实感。

（3）会根据整首古诗描绘的画面，写一个比较完整的、文从字顺的片段。

**3. 高年级段（五、六年级）**

（1）会从古诗和课内阅读中学习写作技巧，描写生活场景，表达自己的真情实感。

（2）会看一幅或多幅漫画，并写出一篇篇幅完整、主题明确、表达清晰的短文。

（3）会在理解古诗的基础上，将古诗改写成完整、流畅、生动的白话文。

**（三）教学目标**

详见本章第三节的课程目标（第15页）。

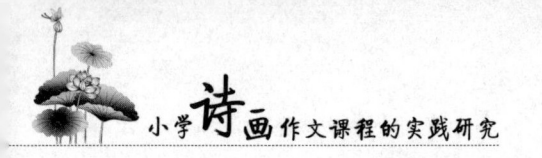

## 第二节　课程的意义和价值

诗画作文课程是学校在国家规定的课程之外，在充分挖掘教材资源的基础上，创设的以诗画为载体、以培养学生对语言文字积累和交流的兴趣为前提、以发展学生的形象思维和创造想象为手段、以培养学生的观察能力为保障、以促进学生聚合思维和发散思维的形成为抓手的课程模式，旨在让学生树立一种快乐表达、创意写作的作文观念。

### 一、诗画作文课程的开发促进学生思维品质的优化

与传统的写作教学相比，诗画作文课程包含的内容更丰富，创设的情境更多元，对学生各项语言实践能力的培养更加细致、深化、系统，培养的过程更注重趣味性、可操作性、开放性，在教学过程中更注重发展学生的兴趣点，调动学生的主动性、积极性以及促进学生思维品质的优化。

### 二、诗画作文课程的开发促进教师教学专业的发展

诗画作文课程是对传统写作教学的创新，作为新理念，其对教师素养也提出了新要求。它要求教师具备科研能力和对学生言语表达能力的指导水平，促进教师由经验型向科研型转化。运用诗画作文理念教学的教师需要熟悉小学作文教学理论，具备"诗画"鉴赏能力、信息技术应用能力、能说会写的专业素养以及儿童心理学知识。

### 三、诗画作文课程的开发促进学校办学特色的形成

诗画作文课程的开发是一个与时俱进的过程，也是一个动态生成的过程。

闵行区七宝镇明强小学是一所百年老校，有着悠久的办学历史、先进的硬件设施、优质的教学师资。我校自1999年起加入由华东师范大学叶澜教授主持的"新基础教育"实验及国家推行的二期课改试验，近年来又作为"区现代学校制度建设"实验学校，自主摸索现代学校管理机制，是闵行区七宝联合体的核心学校，还是闵行区小学语文骨干基地学校。诗画作文课程的开发促进了学校办学特色的形成，对创建区域学科建设高地、发挥示范引领作用起到了决策性的作用。

# 第三节　课程的理念、框架及目标

## 一、课程理念

### （一）激发学生兴趣，在实践中形成表达欲望

南朝刘勰在《文心雕龙·知音》中写道："夫缀文者情动而辞发，观文者披文以入情。"作者只有当感情奔腾涌动时，才能文思如泉，运用文字形成作品；读者只有认真阅读、仔细分析作品，才能与作者产生共鸣，为作品的情意所打动。正所谓入境生情，以情促写。

然而，当前的小学写作教学模式较为僵化，课堂缺乏活力，以教师讲授知识与方法为主，忽视了对学生写作兴趣的激发和培养，学生的作文大多是为了完成任务，内容空洞，缺乏真情实感，一些学生甚至谈"文"色变、望"文"生畏。学生是课堂的主体，在教学中，学生的"活力"最重要。"活力"就是"生命力"，也是学生的主动性、积极性和创造性的体现。不激发学生的写作兴趣，就无法发挥其主动性、积极性和创造性，无法生成有"生命力"的课堂。因此，培养学生的写作兴趣是激发小学写作教学活力的前提。

兴趣和信心是学生学习的前提和保障。借助诗画元素，诗中有境，诗中有情，画中有境，画中有情，从而有效地激发学生的表达欲。与部编版教材相比，诗画作文课程从题目内容设计到课时目标制定再到课堂环节设计这一系列过程始终关注学生的兴趣点。诗画作文课程通过精心设计增加了许多训练篇目，并对教材中原有的题目进行不同程度的改编，依托大量的诗歌、图表、各种多媒体资源，不断改进教学策略，用具体可操作的方法、较为系统的课程设计，最大限度地激发学生的兴趣，让学生能够以饱满的热情，极高的自主性、独立性和创造性来自由地表达自我，即发展学生的兴趣点，鼓励创意表达；从根源上解决他们谈"文"色变、望"文"生畏的心理难题，让学生树立一种乐于表达、乐于写作的"快乐作文"观。

**（二）创设语用情境，在实践中发展表达能力**

无论是说还是写，都是语文能力之一，而能力形成和发展的途径就是实践，我们创设的就是学生的语用情境，让学生在语用实践中形成并发展表达能力。

在"写话"和"习作"的主题活动中，诗画作文课程结合部编版教材内容的单元主题和语文要素，牢牢把握学生对于探索世界的好奇心和体验美、追求美的兴趣点，通过加入丰富的诗歌、图画、图表、影视资源等元素，设计多样的探索和体验活动，丰富教材中的实践主题活动。通过一个又一个实践探索的主题活动，最大限度地从生活和网络中汲取多元的、直观的、广阔的现实和想象材料，创设一个又一个令学生感兴趣的情境，丰富学生的经历，让学生发现和解决问题，发现和体验生活中的真善美。这些主题活动不仅激发了学生"说"的兴趣，促进了学生"写"的情感，同时为他们的创新思维、创新写作形式提供大量的灵感来源。

**（三）巧用诗画元素，在实践中促进思维发展**

思维能力是语文能力的核心，而写作是一项复杂的思维活动，在这个思维活动中，需要聚合思维和发散思维的交替运行。诗画作文课程将大量的思维导图、游览图、流程图、组图、漫画等引入作文教学，诗和画蕴含着丰富的想象、分析、判断、推理等思维要素，教师可以利用这些要素搭建桥梁，让学生的思维活动在聚合和发散中变得更加有条理、更加流畅乃至更具独创性，让学生在学会整理和拓展写作思路的同时，创作出更具特色的写作内容。

**1. 发散思维**

发散思维，是指学生从不同角度对描写对象的不同特点和不同方面的信息进行分类联想的思维过程。众所周知，思维导图是非常有效的一种表达发散思维的图形思维工具，它不仅运用了图文并重的技巧，还遵循了记忆、思维等规律，有利于激发学生的想象力。其实，部编版教材也引入了一些思维导图的元素，诗画作文则在此基础上将其广泛运用到课程图谱设计中。

除了各种图形思维工具，古诗因其语约义丰、情感隽永、思维跳跃等特点，也非常适合用来发散学生的思维。例如，五年级上册第四单元自编小练笔——《以图解诗·洞见诗境》（依据古诗《示儿》改编），要求对陆游的《示儿》诗中诗人躺在病床前嘱咐儿子这一场景进行想象描写，让学生在搜集诗歌创作的背景资料后，带着对诗人情感的理解，借助对图片的细节观察，发挥对诗歌场景的想象。又如，第七单元小练笔让学生对《山居秋暝》这首诗进行想象描写。这首诗将空山雨后的秋凉、松间明月的光照、石上清泉的声音、浣女归来竹林中的喧笑声以及渔船穿过荷花的动态和谐完美地融合在一起，给人一种丰富而新鲜的感受。教师可以让学生根据插图和诗句想象这一美景，借助这首极富画面美和意境美的诗，用诗意的文字勾勒景物的动态之美和静态之美，并且体会这种动静交融的意趣美，在诗歌的意境美与文章的画面美之间搭建一座思维的桥梁，让学生也能做到"文中有画"。

随着时代的发展，影视资源日益多样化，在人们的学习和生活中发挥着重要的作用。影视资源因其形象生动、观感性强的特点，能够丰富学生的认知，还可以让学生在轻松的氛围下，大胆想象、发散思维。例如，在五年级下册第六单元的综合训练中，将教材中原有题目《神奇的探险之旅》改编为《观探险影片·述探险过程》。教材中给出的文字提示了学生的写作思路，但由于学生缺少探险的认知经验，所以在诗画作文课程中，可以用探险影片为学生搭建发散思维的支架，帮助学生丰富思维的内容。学生可以将自己想象成探险影片中的主人公，在生动的感官体验和想象的交互中，为荒漠、戈壁、峡谷等一个个模糊的场景补充丰富的细节，从而把探险中的场景、遇到的困境、用到的装备、求生的方法和心情的变化写具体，将探险故事写得更加生动曲折。

**2. 聚合思维**

在作文教学的过程中，我们谈得比较多的是发散思维，因为发散思维可以帮助学生想象，拓展学生的写作思路，而今天我们要谈的是聚合思维。聚合思维指学生利用已有的知识经验或通过观察得到的知识经验，按照确定的方向对描写对象进行有范围、有组织、有条理的思维活动。

举个例子，如果让学生写自己，通过发散思维，学生会想到从自己的外貌、性格、爱好、特长等方面来写，于是，就有很多学生按照上述罗列的几个方面依次排列段落，面面俱到，外貌写一段，性格写一段，爱好写几个，特长写几个，东拉西扯，这样写出来的文章内容乏味，篇幅冗长。为了避免这种情况发生，就需要聚合思维发挥作用了。让学生按照寻找自身特点这个方向来继续思考，他们会想到自己外貌的特点、性格中最大的特点，再把这些特点和爱好、特长以及具体的事例串联起来，形成有机的整体。比如说，如果一个学生外貌中最大的特点是"胖"，那么围绕这个特点，在性格方面，他可能慢性子；在爱好方面，他可能非常喜欢吃东西，甚至善于烹饪美食，至于其他的爱好和特长（如读书、唱歌、弹钢琴、围棋等）方面就可以略写。如果一个学生最大的性格特点是乐观开朗，那么围绕这个特点，他的外貌就可以抓住笑起来的样子、身体动作来描写，没有必要从头发、耳朵、眼睛、鼻子、嘴巴一直写到身材；如果他的爱好是踢足球，结合前面乐观开朗的性格特点，可以描写他在踢足球的过程中遇到困难时，乐观积极地面对困境或解决问题。总的来说，训练聚合思维可以帮助学生抓住人物的特点，做到详略得当。

那么如何为学生搭建聚合思维的支架呢？诗画作文课程经常采用"画写"的方式，尤其是针对描写人物或场景的写作练习，让学生在绘制图画、漫画的过程中既获得一种趣味，又通过绘图的思维过程来聚合思维，帮助学生抓住人物动作、神态等特点以及画面或场景中的细节。例如，在教学五年级下册第三单元自编小练笔时，先让学生从以下情景中选择一种："焦急地等人""期待落空""久别重逢"，然后学生通过想象为自己所选的情景绘制一幅特写漫画，并根据漫画，结合动作、语言、神态描写，用文字表现这个情景。在绘制漫画前，学生会去想：这是一个什么样的人？妈妈、老人，还是一位盲人……他焦急的样子应该怎么展示？他正在做什么或者说什么？这就是发散思维的过程。考虑了具体画面和细节之后，将脑海中的想象画成漫画作品时，就把想象中的场景变成了具体的场景，又表现出一种聚合思维的呈现，为后续的文字表述提供思路。

谈到这里，大家可能会对绘画这种方式存在疑虑，因为写作本身已经有难度了，如果再加上绘画，是不是增加了难度呢？在这里，要说明的是，学生对于绘画与写作相结合的兴趣和能力的形成并不是一蹴而就的，而是从一年级开始逐步培养起来的，在低年段，"画一画"的方式更多是用来激发学生的表达兴趣的，在聚合思维方面要求比较低，主要是帮助学生整理、记忆自己的表达

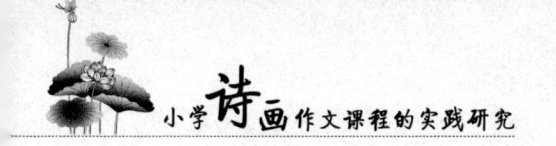

内容。到了中段和高段，小学诗画作文课程对学生聚合思维的教学设计越来越精确，侧重于提炼特点和抓住细节。对于绘画能力较弱的学生，可以不评价其绘画作品的艺术表现力，只需要关注其形成绘画作品时是否进行了思维聚合，是否关注到事物特点和场景细节设计。

## 二、课程框架（图1-1）

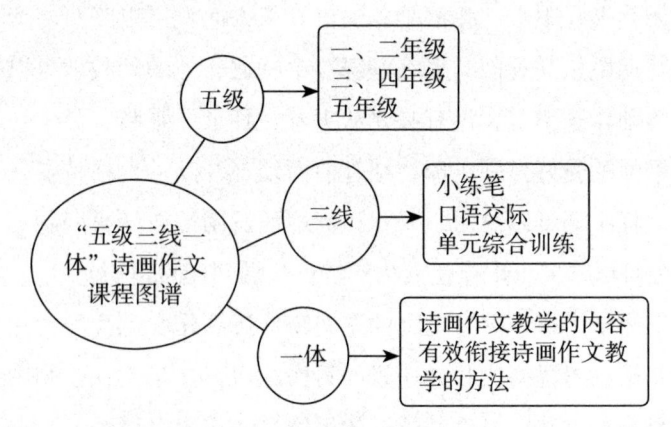

图1-1 "五级三线一体"诗画作文思维导图

说明：

（1）"五级三线一体"的诗画作文课程图谱："五级"指的是诗画作文纵向贯通五个年级，"三线"指的是横向兼顾"小练笔、口语交际、单元综合训练"三种课型，"一体"是指诗画作文课程的教学内容和教学方法系统的衔接。

（2）诗画作文课程的目标和语文课程标准中的年段、口语交际、说话写话、习作教学的目标一致。追求高效达成语文课程标准关于口语交际、说话写话、习作教学的年段目标，力求使学生学得趣味盎然，学得有滋有味，不觉得枯燥。

（3）一至五年级整体设计：一、二年级（写几句话），三年级（写片段），四、五年级（写整篇），一至五年级（口语交际）。

（4）无论是写还是听说，该课程都以部编版教材中的写与听说的内容为基础，适时、适量、适度加入诗画元素。

（5）诗画作文课程不占用三种课程（核心课程、基础型课程、拓展型课程）的教学时间，而是与部编版教材中口语交际、写话、小练笔、综合训练融合，以达到语文课程的目标，提高语文课程教学效率。

## 三、课程目标

### （一）诗画作文课程的总目标

（1）在诗画作文课程的学习过程中，培养小学生爱国主义、集体主义思想道德和健康的审美情趣，发展小学生个性，培养其创新精神和合作精神，逐步形成积极的人生态度和正确的世界观、价值观。

（2）培养热爱祖国语言文字的情感，增强其语言交流与表达的积极性，养成良好的交流习惯，培养快乐表达、创意写作的作文观念。

（3）使小学生初步学习借助各种诗歌、儿歌、图画、图表、多媒体资源等"诗画元素"进行交流与表达，初步掌握写作的基本方法。

（4）在学习运用"诗画元素"的过程中，发展小学生的形象思维与抽象思维，培养其语言思维；发展小学生的聚合思维与发散思维，提升其写作思维。

（5）培养留心观察周围事物的习惯，使其能主动进行探究性观察，激发想象力和创造潜能，在观察实践中增强观察能力，提升观察品质，能将观察体悟进行记录整理，积累写作素材。

（6）使小学生能具体明确、文从字顺地表达自己的见闻、体验和想法，运用"诗画元素"创造性地表达。能根据需要，运用常见的表达方式写作，发展书面语言运用能力。

（7）使小学生具有日常口语交际的基本能力，学会倾听、表达与交流，初步学会文明地运用口头语言进行人际沟通和社会交往。

### （二）年段目标与内容

#### 1. 小学低年段（一、二年级）学生

（1）口语交际

① 学说普通话，逐步养成讲普通话的习惯。

② 能认真听别人讲话，努力了解讲话的主要内容。

③ 听故事、看音像作品，尝试把内容大意和自己感兴趣的情节简单画出来，能借助插图或画面复述内容大意和自己感兴趣的情节。

④ 能较完整地讲述小故事，能借助简单的思维导图，简要讲述自己感兴趣的见闻。

⑤ 与别人交谈，态度自然大方，有礼貌。

⑥ 有表达的自信心，积极参加讨论，敢于发表自己的意见。

⑦ 每学年口语交际训练16次。

（2）写话

① 对写话有兴趣，留心周围事物，借助插图、生活照片、绘本、诗歌等，把想说的话和想象中的事物简单画出来，再写下来。

② 在写话中乐于运用阅读和生活中学到的词语，可以画出简单的图或思维导图。

③ 根据表达的需要，学习使用逗号、句号、问号、感叹号。

④ 写话训练包括小练笔和综合训练，每学年各16次。

**2. 小学中年段（三、四年级）学生**

（1）口语交际

① 能用普通话交谈，能对视频或图片中的现象提出问题或发表看法，能就不理解的地方向他人请教，就不同的意见与他人商讨。

② 与人沟通时能把握主要内容，并能简要转述；能在小组交流讨论中用图表记录或总结他人发言，汇总小组发言要点。

③ 能借助图表梳理信息，清楚明白地讲述见闻，说出自己的感受和想法；能借助多种图文方式，丰富自身的表达内容和表达方式，讲述故事具体生动。

④ 每学年口语交际训练16次。

（2）习作

① 乐于书面表达，愿意与他人分享习作的快乐。

② 能留心观察周围事物，主动搜集诗歌、图画、照片、视频、音频等资源，积累新奇有趣或令自己感悟较深的作文素材；能将诗歌中描绘的画面或场景在脑海中想象补充，然后用文字描述出来；能借助表格、记录卡、录音或图文记录等方式细致观察事物，记录事物发展变化的过程以及观察过程中的感想；能借助思维导图，通过分类与联想的方式从不同方面介绍人或事物，写出人或事物的特点；能借助游览图、流程图或卡通贴画等多种方式，按照一定顺

序写一个地方或一件事情；能结合漫画、插图或序列图等资源，发挥想象，创编故事，把故事写完整，写出趣味性。

③能用简短的书信、便条进行交流。

④尝试在习作中运用自己平时积累的语言材料，特别是有新鲜感的词句。

⑤学习修改习作中有明显错误的词句。根据表达的需要，正确使用冒号、引号等标点符号。

⑥习作训练包括小练笔和综合训练，每学年各16次。

**3. 小学高年段（五年级）学生**

（1）口语交际

①与人交流时，能尊重和理解对方。

②乐于参与讨论，敢于发表自己的意见。

③沟通时认真、耐心，能抓住要点，借助图文方式转化为口语表达，并能简要转述。

④借助思维导图，表达有条理，语气、语调适当。

⑤能根据对象和场合，稍做准备，作简单的发言。

⑥注意语言美，抵制不文明的语言。

⑦每学年口语交际训练16次。

（2）习作

①懂得写作是为了表达自我和与人交流。

②养成留心观察周围事物的习惯，有意识地丰富自己的见闻，珍视个人的独特感受，能通过绘制画报、连环画、漫画等图文方式记录富有个性的习作素材。

③能写简单的记实作文和想象作文，内容具体，感情真实；能借助思维导图等图形工具梳理写作内容的层次和顺序，突出重点，有条理地介绍事物；能借助画面或绘制图画等方式，通过观察或想象场景细节，准确生动地描绘事物的特点或发展变化过程；能根据内容表达的需要，分段表述；学写读书笔记，学写常见应用文。

④能根据评价表修改自己或他人的习作，做到语句通顺，行文正确，书写规范、整洁。根据表达需要，正确使用常用的标点符号。

⑤习作练习要有一定速度。写话训练包括小练笔和综合训练，每学年各16次。

**（三）小学诗画作文课程目标的设计说明**

（1）小学诗画作文课程标准是基于"总目标"，按照一、二年级，三、四年级，五年级这三个学段分别提出的"阶段目标"。

（2）阶段目标根据诗画作文课程本身的特点，从"口语交际"和"习作"（一、二年级为写话，三至五年级为习作）两个方面提出要求。

（3）口语交际和习作训练的次数参考《课程标准》和部编版小学语文教材对"口语交际"和"习作"的要求，结合各阶段学生的身心发展规律而定。

# 第四节　课程的教学建议

"五级三线一体"诗画作文课程图谱分年级、学期、单元进行设计，其包含小练笔、口语交际、单元综合训练三种形式。诗画作文教学的内容和方法呈现相互呼应、层级提升的内在逻辑关系，它基于课程素材类型，在听说读写等方面落实语言训练点。

## 一、小练笔

诗画作文课程是基于《课程标准》搭建"五级三线一体"的课程图谱框架的，其紧扣部编版教材，关注学生学情、生活实际，力求让学生易于动笔，乐于表达。本部分主要就小练笔版块的教学给出建议。

《课程标准》指出："为学生的自主写作提供有利条件和广阔空间，……加强平时练笔指导，改进作文命题方式。"相信大家首先思考的问题一定是：诗画作文体系下的小练笔是否应该和大作文一样，需要说、写得这么细致吗？小练笔既然冠以"小"字，所以是不需要的。小练笔练的是写片段。但是，小学生把小练笔练扎实了，对于习作的帮助一定是非常大的。那么小练笔应该写什么内容？如何制定每次练笔的题目呢？我们团队通过研读教材，查阅相关理论书籍，经过专家引领、课堂实践，围绕部编版小学语文教材，从课文、课后练习、课后拓展中寻找既与诗画元素相关又与阅读教学、口语交际教学等紧密关联的内容，做出了每个单元一次小练笔的安排。小练笔按一学期或半学期统筹规划，在内容设置上力求系列化、序列化、主题形象化，富有童趣。通过实践，我们初步梳理了诗画练笔（片段）的基本模式：第一环节，激趣导入，揭示课题；第二环节，巧借画文，导练习作；第三环节，互动交流，评改习作；第四环节，课堂小结，课后拓展。

对于诗画作文体系下的小练笔教学，我们要把握好课堂上的四个"度"。

### （一）诗画元素搭支架，提升练笔温度

所谓"情动方能辞发"，小学阶段的学生尤其是低年级学生的思维方式以具体形象思维为主。教师要激发他们的情感，结合图文元素创设情境不失为一种好方法。例如，明强小学乔卫丽老师执教二年级诗画练笔课例《画诗 话诗》时，在"激趣导入，揭示课题"环节用看图猜古诗的方式导入，引导学生细致地观察画面，在游戏中激发学生好奇心，充分调动了学生的积极性；在"巧借画文，导练习作"环节，她边画简笔画边让学生转换角色，让学生想象诗人的眼前会出现怎样的画面，然后结合诗句、简笔画引导学生说"我仿佛看见了……"，随即引入与诗歌内容相契合的视频。大气磅礴的画面让学生入情入境，这时乔老师引导学生画下简笔画，让学生再试着把看到的内容写出来。

从中，我们可以发现，当学生的情绪处于兴奋状态时，其思维最活跃。乔老师借诗画元素搭设学生表达的支架，一步步引导学生借图画想象到口头表达，再画下此情此景，写下所看到的美景。学生从具体形象的诗画元素到抽象思考、口头表达，再到具体形象的绘画、练笔，这样扎实的训练是基于学生已经进入了这样的情境中，它与传统的读古诗、了解诗意后、让学生进行想象绘画的形式有明显的区别。

因此，教师在设计一节诗画练笔课时，要仔细思考诗画元素能够给学生怎样的帮助。这种设计不光是为了让课堂更活跃，而是为了真正激发学生的兴趣，激活他们的思维。这样拥有热情的文字一定是美好、有温度的。

### （二）诗画元素融范例，确保练笔程度

参考课程图谱不难发现，在设计小练笔主题时，不仅要考虑到学生年段特点，还要严谨地围绕单元总体目标设计，力争在诗画练笔课堂上呈现出贴合单元整体目标的效果。部编版教材单元要素有序、螺旋上升的特点帮助我们在确定小练笔主题时，给出的范例也遵循序列化、系统化的规则。

例如，一年级的小练笔主题多与汉字、拼音等年段学习重点相结合，根据教师精心选取的范例让学生进行说话练习。这些范例，多与教材中的插图、象形文字、根据训练目标或学生实际生活另找的插图或视频关联。它们旨在引导

学生关注现实、热爱生活、积极向上，表达真情实感。学生进行练笔（练说）时，教师应关注学生对诗画元素的理解程度，在模仿范例时，关注学生表达的兴趣，根据学情进行适当的调整。

诗画练笔图谱中的主题围绕学生的教材内容，也拓展到学生生活中。教师在让学生进行练笔（练说）时，应不囿于课程图谱，多关注学生学情和真实生活，为学生寻找更生活化的范例，引导他们热爱生活、关心身边的事。

### （三）诗画元素定评价，追求练笔深度

设计诗画图谱时要关注后一次小练笔和前一次小练笔之间内在的联系，要看内容的衔接、方法的呼应、要求的递进等。

那么，在设计评价表时也应该有同样的要求。诗画练笔课的"互动交流，评改习作"环节虽然在课堂上所占比重不大，但是对于教师来说，设计评价表既可以明确课堂教学目标，也可以判断学生是否掌握知识点。对学生来说，这份评价表既是写作的要求，也是评价的规范。对诗画练笔课堂来说，评价表也属于诗画元素，它决定了教师的教和学生的学。所以在写之前，写的过程中和写完评价时，评价表应始终贯穿其中。我们以二年级的诗画练笔课的两张评价表来参考（表1-3、表1-4）。

表1-3 《学写留言条》评价表

| | |
|---|---|
| 书写端正 | ★ |
| 标点正确 | ★ |
| 格式正确 | ★ |
| 语句通顺 | ★ |
| 表达清楚 | ★ |

注：摘自闵行区汽轮科技实验小学吴敏老师的小练笔评价案例《学写留言条》。

表1-4 《画诗　话诗》评价表

| | |
|---|---|
| 书写端正 | ★ |
| 标点正确 | ★ |
| 格式正确 | ★ |
| 想象内容合理 | ★ |
| 语句通顺完整 | ★ |

注：摘自闵行区明强小学乔卫丽老师的小练笔评价案例《画诗　话诗》。

我们可以明显看到，对二年级的学生而言，一些要求是共性的，而针对不同的案例，因为内容不同、教学目标不同，所以评价要求也会不同。课堂教学应紧扣评价要求，方能让学生练笔更扎实，训练有深度。

### （四）诗画元素拓思维，拓宽练笔广度

教师对课文中的图片和课后练习中的内容进行加工改造，重新组织、表达，既加深了学生对课内知识点的掌握，又提升了学生的语用能力，这是小练笔最基本的课堂运用。

教师整合不同单元的内容，创设同系列主题，可以提升学生兴趣。例如，诗画作文课程图谱中，二年级下学期的练笔主题皆与"风"有关，有的是画出看不到的风，再写几句话；有的是看图说话，说一个连贯的小故事……巧妙地把课内知识与大自然结合在一起。主题式教学会让学生加深印象，教师的课堂教学也更有系列性。

而更能够拓宽学生练笔广度的，还在于各位教师在设计一节课时，能根据课堂内容激发学生更多的写的意愿。例如，闵行区罗阳小学的孔繁杰老师的诗画练笔课例《妙用语言 趣话五官》就很好地表现了这点。教师请学生在课前观察身边的人，画一画令他们印象深刻的五官。学生兴趣浓厚，也感受到五官在表达情感上的重要性。在课堂上，他们学着用拟人的手法描写五官，课后便会用相同的方法再去描写别的。这样的诗画练笔课堂，当然是有广度的。

当然，上述的四个"度"是比较理想的状态。总体而言，诗画元素能够给小练笔的课堂带来更多创意、更多灵感、更多欢乐。而小练笔的篇幅不长，大大减缓了学生习作的焦虑。因此，教师应重视诗画作文体系下的小练笔教学，提升自己的认知，拓宽自己的视野，在不断学习中找到更多合适的诗画元素，在设计和评改环节多花心思，使学生有更多收获。

## 二、口语交际

《课程标准》明确指出："口语交际能力是现代公民的必备能力。应培养学生倾听、表达和应对的能力，使学生具有文明和谐地进行人际交流的素养。"整个小学阶段分为低、中、高三个学段发展水平。口语交际的课程路径

应遵循不同学段学生的认知规律、特点及年段目标的基本要求。

第一学段：注重培养倾听者认真听别人讲话，努力了解讲话主要内容的能力；说话者能有表达的兴趣；交际双方养成说普通话的习惯。这体现了兴趣启蒙阶段的目标，为学生阅读理解、书面表达奠定了基础。

第二学段：培养倾听者认真倾听、并且通过听别人说话把握主要内容的能力；说话者能介绍清楚内容；交际双方能用普通话交流。这个阶段的学生学习了一定的表达方法，口语表达逐步规范，逻辑思维能力得以提升，对书面语言理解渐趋丰富。

第三学段：要求学生认真、耐心地听人说话，能抓住说话要点；说话者能够进行适当的语言加工或调整；交际双方乐于讨论、善于表达，并体会交际互动的快乐。基于以上口语交际目标分析和单元渗透核心素养的培养，教师在环节设置的合理性、媒介支架的适切性、话语交互的趣味性等方面需要进行积极探寻。

### （一）环节设置的合理性

以部编版小学语文教材为主线，结合学生生活经历和学习经历，兼顾学生综合习作素养的培养，实现其语言理解能力、语言运用能力、思维能力和初步审美能力的多维度发展，这不仅需要教材突出每个单元的人文主题，也需要学生厘清诗画作文中每个单元口语交际要实现的技能点。所以，梳理单元主题，深入渗透核心素养，提高学生建构对知识的理解，激发学生对写话的兴趣，就需要教师在教学环节中，知识技能难度上层层递进，或在情感熏陶上不断深入。所以，我们设置了口语交际课的四个重要环节，如下图1-2所示。

创设情境导入课题 → 借助画文导学方法 → 组际交流互动评改 → 总结延伸平台分享

图1-2 口语交际课的四个重要环节

第一步：创设情境，导入课题。教师进行范文引路，提供明确的学习内容、清晰的学习要求、不同维度的问题思考导向等帮助学生厘清学什么、干什么的困惑。在范文诵读时，教师可根据低年级学生的特点，采用边听边看发音动态图的方式，让学生在听中模仿着读，教师及时正音，带着表情加上动作边

演边读。也可以通过语调的轻重缓急、抑扬顿挫，对比不同声调里的情绪，让学生感受押韵、声调、语气等的节奏韵律之美。

第二步：借助画文，导学方法。教师可将课堂学习融入生活情境，引导学生倾情投入，鼓励学生画出所想，说出所画，进行有想象空间的话（画）语训练，激发学生习作的欲望。

第三步：组际交流，互动评改。对照评价表进行训练和评说。这是全班学生的共性问题，即有效利用学生的学习经历，把设计外的发生变成可利用的资源，发现问题，并及时有效地解决问题，推进教学进程。如此，学生的习作话语体系就不会显得"雾里看花""水中捞月"，不知该如何去解读，口语表达或书面表达就不会"囊中羞涩"。

第四步：总结延伸，平台分享。口语交际的能力培养不应只局限于课堂，需要在课堂之外更广阔的地方不断进行言语实践。让实践不受时间、空间的限制。学生可以录制视频、音频上传到线上班级群平台，师生可以云端点评。

## 案例1　口语交际"趣味故事会"

【案例内容】

教学环节推进表，如表1-5所示。

表1-5　教学环节的推进

| 步骤 | 具体内容 |
| --- | --- |
| 1 | 创设情境，导入课题。<br>（5分钟：错本单元所学的4个故事，课文插图） |
| 2 | 借助画文，导学方法。<br>（10分钟：导线融合，出示"故事会评价表"） |
| 3 | 组际交流，互动评改。<br>（18分钟：组内交流，大组分享） |
| 4 | 总结延伸，平台分享。<br>（2分钟：课后录制视频，发班级钉钉群。同学点赞最吸引自己的故事，一周后结合点赞评价选出"班级趣味故事大王"） |

【案例分析】

本案例选自部编版小学语文三年级下册第八单元，它是基于故事单元学习之后生活化的口语实践。讲故事与复述有关联之处，因此，口语交际版块是对前面所学内容的实践，是单元语文要素的内化、迁移和运用。

故事会的顺利开展，口语交际的有效实践，也为单元习作《这样想象真有趣》作了方法的铺垫。"趣味故事会"从学生实际出发，通过组织学生讲、听、记有趣的故事，帮助学生在语言实践中规范口头语言，提高口语交际能力。有趣的故事可以是内容充满奇思妙想的，也可以是情节一波三折的，或是人物生动有趣的，等等。

如何讲述有趣的故事，教材给予了指导。学生首先要选一个故事，多读几遍，虽不必一字不差地背诵，但记住故事内容，这是讲好故事的前提。接着可以自己试着讲讲。为了把故事讲得更吸引人，学生要注意语气、表情的变化，可以加上适当的手势。教材中，小女孩对着镜子练习讲故事的情境图起到了直观的示范作用。教材对学生"听"故事也提出了明确要求，要做到集中注意力，认真听。之后，学生要和同伴交流故事哪里最有趣，这样的安排凸显了口语交际的交际功能。最后的"小贴士"提出了本次口语的学习重点。一是讲故事要"运用合适的方法，把故事讲得更吸引人"。合适的方法是指在熟记故事内容的基础上注意语气、表情，并加上适当的手势等，以取得好的效果。二是听故事要"认真听别人讲故事，记住主要内容"。认真，是对倾听态度与习惯的培养；记住，是对听的具体要求。

（本案例由上海市闵行区明强小学蔡凯燕提供）

## （二）媒介支架的适切性

小学生单纯，阅历浅，文字理解需要借助视觉上的直观。教师将文字转换成清晰的简笔画、视频画面等，可以降低理解难度，增强小学生的语言文字感受。诗画作文课程媒介素材，从内容来分，包括基础内容和拓展内容，基础类主要是教材课文内的语言训练点，如课文内的说话写话训练和课后习题，拓展类主要是教材外的内容，如绘本、诗歌创编等；从状态形式来分，包括动态视频和静态图画。这些素材能够借助诗画载体转化成课堂资源，帮助学生理解文本、内化文本，形成自己个性化的文本表达。教师用这种方式保存了学生的成长痕迹，就可以使各种各样的原始资料被充分地"看见"。这是"已知"与

"未知"的交互。学习的情境化和角色的临场感越来越吸引学生。

教师选择媒介素材作为诗画作文教学支架时应注意以下几点。首先，做好教学任务分析，翔实了解学生的知识、技能、情感观念的情况。其次，紧扣教学目标，基于诗画作文教学的课程特点及单元语文要素的落实，适切地选择能够达成教学目标的素材。比如，对古诗的学习，小学生视界感知力有限，教师不需要对诗中所有的景物景色——解读，而是深入解读诗中最有情感刺激的事物。

## 案例2　口语交际"我的手工小制作"

【案例内容】

**1. 课前准备：收集学生手工作品**

教师：我看到你们把作品带进了教室，手真巧。谁能来大声地介绍一下，自己做的是什么？

_____

_____

_____

**2. 课中展示：播放学生制作视频**

教师挑选一名学生制作的视频播放，出示制作的步骤照片，请同学们思考：

（1）"纸杯小斑马"的制作过程一共有几步？每步是怎么做的？

（2）制作时，要特别注意什么？

_____

_____

_____

**3. 课后分享：上传平台**

教师：马上就要到传统佳节中秋节了，你想制作一份什么手工作品呢？手工作品可以送给自己亲爱的爸爸妈妈，表达祝福；可以送给远方的亲戚朋友，寄托思念。请将你的作品上传班级优化大师，录制成视频，配上介绍，参加手工节。注意：声音响亮、吐字清楚，按照顺序把过程说清楚、说明白。

【案例分析】

本课是根据部编版小学语文二年级上册《做手工》改编的，选自诗画作文课程图谱的二年级上册。在本节课中，诗画元素贯穿始终。教师借助多种诗画元素作为学习支架：①展示手工作品照片，激发学生参与表达的兴趣。②出示课文插图，进行文本解读。③创建思维导图，以标题为中心，以"听的要求"和"说的要求"为两大主要分支，进行思维发散的训练，并在板书里进行呈现。明确的口语交际的评价标准帮助学生更好地梳理口语表达的结构，做到有序、有理。

（本案例由上海市闵行区田园外语实验小学教师刘美提供）

## （三）语话交互的趣味性

《课程标准》指出："口语交际是听与说双方的互动过程。教学活动主要应在具体的交际情境中进行，不宜采用大量讲授口语交际原则、要领的方式。应努力选择贴近生活的话题，采用灵活的形式组织教学。"这就要求教师在设计教学活动时突出口语交际课的实践性、交际性，创设乐说善谈会听的口语交际表达情境。

教师需要帮助学生改善文字学习中情感淡漠和情景虚拟的感受，尤其是低段年级学生学习中只见文不见情的现状，帮助学生尽量真切体会到文字背后的故事、人物的心境等隐藏的学习资源，让学生结合自身思考，从而建构及时互助有效的学习共同体。

其一，生生互见。教师将语词化的、孩童化的描述转化为声音的听觉刺激，播放学生自己录播的音频、视频等，帮助学生在脑海里形成一幅幅理想的画面或情境，使同伴互助的学习更加具有亲近感，如见其人，如闻其声，让他们不自觉地融入场景，生发出一个个疑问，激发言语表达的内驱力，体现童趣。

其二，学生与文本的互见。当无生命的静态的文字转化成学生笔下的简笔画或色彩更加绚丽的图画时，学生对文本已经在生成自我重建了，他们给了文字不一样的生机，在交流反馈中，让文本越读越厚，增强了意趣。

其三，师生互见。一节诗画课不仅是学习一首古诗、一篇习作，更是追求眼界的开阔、胸襟的提升。教师作为这场思维生发的指引者，循循善诱，启发

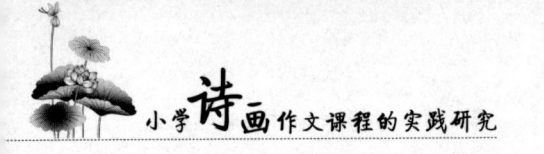

学生浸润诗境，感悟诗情，借助诗画元素作为学习的支架，让学生感受文字背后的所见、所悟。这样的课堂，是智慧的，是师生相长的，因为它实现了理趣。

### 三、单元综合训练

单元综合训练是凸显听说读写的综合能力的训练。诗画作文单元综合训练以《课程标准》为基本依据，在"五级三线一体"的课程图谱框架下，关注学生在不同阶段的知识能力水平，其以诗画为载体进行由浅入深的教学实践，助力学生实现知识能力水平的螺旋式提升。本部分主要就单元综合训练版块的教学给出建议。

诗画作文的单元综合训练对应课标中的写话和习作模块。就阶段目标而言，一、二年级是"写话"，重点在于"对写话有兴趣，留心周围事物，写自己想说的话，写想象中的事物"，"在写话中乐于运用阅读和生活中学到的词语"。可见，小学低段写话尤其关注学生的写话兴趣，要让学生感到写话容易、写话有趣。学生有旺盛的表达欲，能全情投入表达训练中，乐说乐写，才能实现低年段的读写融通。三至五年级为"习作"，重点在于"观察周围世界，乐于书面表达，增强习作的自信心，愿意与他人分享习作的快乐"。对于五年级小学生，强调"能写简单的记实作文和想象作文，学写常见应用文"。为提升学生的写作能力，"诗画作文课程图谱"从三年级到五年级安排了47篇习作话题训练，其中记实作文 28 篇，大致分为写人、写事、写物或写景，以及说明性习作；想象作文和应用性作文各9篇；还有1篇是合编小诗集。中高年段的习作借助诗画元素培养学生留心观察周围事物的习惯，又通过对生活素材的调动，激发学生习作欲望，增强习作信心，在写作、评改和分享中拓宽习作思路，提升口语与书面表达能力。

通过诗画作文单元综合训练版块的教学实践和思考，我们建议单元综合训练课程每次训练为两课时，课堂环节的推进可以采取三段式的基本模式。第一环节为"启、导"。"启"指教师围绕课题，创设交际情境，激发学生表达的兴趣，解决习作动机问题；"导"指借诗画（文）元素教给学生表达的策略和方法，并在师生、生生的多向互动中提炼出本次习作的评价规范来导引评改后面的习作。第二环节为"练、写（说）"。此环节要保障学生有安静的环境、充足的时间，以便独立自主地完成习作。第三环节为"评改"。教师选择典型的习作进行示范评改，明确规范，继而让学生自改、同伴互改。评改结束，由学生展示分享自己的作品，从中体验习作成功的快乐，增强自信心，以此固化习作兴趣。同时，我们发现，在诗画作文体系下的单元综合训练课程中，教师要有意识地去培养学生的四个"力"，具体如下。

### （一）引入诗画载体，训练画文观察力

观察，是我们认识世界、了解世界的一项重要的基本技能。它是写作的源泉，也是学好语文的关键。习作中要想有话说，有话写，离不开细致的观察和丰富素材的积累和运用。课标中明确要求学生要"养成留心观察周围事物的习惯，有意识地丰富自己的见闻"，而在诗画作文的课堂上，图画视频等资源更是重要的媒介与载体。因此，教师要鼓励学生在仔细观察中融入个人的独特感受，为习作积累素材。

比如，华坪小学朱冬蕾老师执教的"_____即景"一课中，朱老师前置诗画元素，紧抓"变化"观察。因为"观察景物的变化"是本次习作的一个重要能力点。课前，朱老师设计"观察单"引导学生有目的、有方向地观察，旨在提高习作效率。实际操作中，发现绝大部分学生选择了校园即景，或许对于他们来说，学校是他们待得最久、最熟悉的地方。也有学生提出："老师，我喜欢的景不在这个季节，怎么办？"朱老师建议他们："既然很喜欢，当时有没有拍照或者拍下视频呢？去翻翻相册吧。"于是，有少部分学生选择的是夏日的雨中即景，或是日出、日落时的即景。利用观察单引导学生课前抓住这样一个点去观察，学生观察出的景物会多种多样。例如，观察者位置、角度、时间、天气等不同，观察的景物都会有变化。而围绕"变化"这一点，学生的观察途径又各不相同，于是习作变成了一件有探索性、有趣味的事情。

习作教学中，教师要善于激发学生的观察兴趣，指导学生打开观察视野，提升观察质量，获得观察的乐趣，从而培养学生的观察力，真正将习作与生活融合，让学生感受到写作的乐趣。

### （二）依托诗画支架，丰富语言表达力

诗画作文让习作的课堂生动起来。"图画"是诗画作文重要的课程资源，

其优势在于直观性、趣味性，符合小学生的年龄与认知特点，能有效激发他们的学习兴趣、探索欲以及表达欲，全面调动学生从说到写的积极情绪。习作课堂上，教师借助诗画支架，创设愉悦的写作情境，设计学生感兴趣的活动，给予学生充分的表达空间，助力学生语言表达能力的提升。

以闵行区莘松小学的俞璐教师执教的习作指导课"'漫画'老师"为例，她在课堂中三次运用诗画元素，通过环节层层推进的过程不断提升学生语言表达能力。第一次，课堂导入环节。教师通过引入学生熟悉的漫画人物——柯南进行观察，揭示本次习作主题，激发学生的习作兴趣与表达欲。课堂屏幕动态播放学生课前预习单上自行绘画的教师漫画像，教师通过看一看、猜一猜的方式，拉近习作人物与小作者的距离，学生积极参与，充分表达。第二次，示范搭图，梳理要点。师生共读例文，教师在师生、生生的热烈互动中提炼习作要点，并以思维导图的方式构建习作的框架，帮助学生梳理习作思路，发散习作思维，提升习作效率。这为后一环节学生自己创建习作的思维导图打下基础。为避免例文的思维导图限制学生的思维，可以不固定导图的格式让学生自主构思习作。第三次，自创导图，搭建框架。在教师示范思维导图构建之后，学生尝试自主构思导图，明晰要写什么，怎么写，搭建自己的习作框架。这是由扶到放的过程，也是从口头表达转向书面表达的过程。三次诗画元素的运用恰到好处，助力教学过程的层层推进，使学生的口头表达和书面表达得到充分的训练。

**（三）融合诗画实践，锻炼逻辑思维能力**

美国哲学家杜威曾提出"思维起于直接经验的情境"的观点。从心理学角度而言，情境对人的思维有直接的刺激作用。事实上，适宜的教学情境不但可以提供生动、丰富的学习材料，还可以促进知识与体验之间的连接，提升学生的思维品质。

教师要充分利用图片资源，使其成为学生发展思维的路径。单幅图片能引导学生仔细观察，抓住细节，使他们用口头或图文等方式表达自己的思考和想法。多幅图片，如部编版二年级语文下册第四单元中四幅图要求"按照图画顺序仔细观察，想象小虫子、小蚂蚁和小蝴蝶用蛋壳做了哪些事情"。教师首先引导学生借助图片梳理故事发展顺序，然后让他们仔细观察每一幅图，进行充分的想象，说说看到了什么，心里怎么想的，后来怎么做的等。教师再把几幅图连起来讲，让静态的画面转为连续性的画面，呈现学生内部言语的梳理和加工流程，这是思维的输出。例如，明强小学邵玉茹老师执教的"给长颈鹿大叔写一封信"一课。

## 案例3  口语交际"给长颈鹿大叔写一封信"

**【案例内容】**

教师：本学期我们学过一篇课文，题目叫《开满鲜花的小路》。在这篇课文中，长颈鹿大叔（贴图片）给鼹鼠先生（贴图片）寄来了一个包裹，这个包裹带来了一个美好的故事。这节课，我们变身为鼹鼠先生，向长颈鹿大叔讲讲收到包裹之后的故事。来，戴上鼹鼠头套，我们变身为鼹鼠先生啦！怎样才能向长颈鹿大叔讲好故事呢？老师请了图片来帮忙。请小朋友拿出信封，掏出四幅图片。我们应该以怎样的顺序来讲呢？自己排一排，说一说理由。

**【案例分析】**

此环节为每个小朋友准备了四张图片，让他们按照事情的发展顺序重新排列图片，这便是发展学生按顺序看图的思维。进一步，教师引导学生在按顺序观察图的基础上进行充分的想象，把四幅图片的内容连起来讲一讲，切实建立图片与学生经验世界和想象世界的联系，打开学生看图说话写话的思维路径。这是一种综合性的语言运用。整个过程中，图片提供思维支架，化解学生表达难点，切实提升学生的思维能力。

（本案例由上海市闵行区七宝镇明强小学教师邵玉茹提供）

### （四）借助诗画规范，提升习作自信力

在学生独立写作的过程中，教师要尽量营造无干扰的写作环境，并给予学生充足的写作时间。学生由说到写，不仅仅是口头语言向书面语言的转换，更是规范语言表达的一次实践。评价规范前置让学生明确习作的要求和评价标准，也让学生在写作的过程中有支架、有扶手，能根据评价表的要点及时调整自己的行文思路和言语表达，使学生更有信心写好作文。

同时，通过评改提升小学生的习作自信。教师首先选择典型的习作进行

示范评改，将优质的习作对应评价规范，再次强调要点，对共性的不足进行针对性地指导，随后是学生自改，同伴互改。依托评价规范开展评改，让学生有标准可依，激发评改的积极性和参与度，使学生乐写乐评乐说。练写、评改之后，一定要给予学生充分交流与展示的机会。学生喜欢看同龄人的作品，当自己的作文被展示出来，就意味着得到了大家的认可，这对于学生来说是莫大的激励，有助于学生增强习作自信心，以更加积极的态度投入到日后的写作中。因此，教师应该让每一个学生都有机会展示习作，让学生在对比中了解自己，对照评价规范及时取长补短，努力提升自己。当然，习作反馈的及时性也很重要，可以保护学生的写作兴趣和写作热情，提升习作自信。

以明强小学教师邵玉茹执教的"给长颈鹿大叔写一封信"的评价规范为例，该课评价规范见表1-6。

表1-6 "给长颈鹿大叔写一封信"评价规范

| 评价内容 | 自评 | 互评 | 师评 |
| --- | --- | --- | --- |
| 能够根据开头，分自然段写出图片上的故事 | ☆☆☆ | ☆☆☆ | ☆☆☆ |
| 信的结尾能够表达对长颈鹿大叔的感谢 | ☆☆☆ | ☆☆☆ | ☆☆☆ |
| 书写正确，语句通顺 | ☆☆☆ | ☆☆☆ | ☆☆☆ |
| 正确使用逗号、句号、问号、感叹号等标点符号 | ☆☆☆ | ☆☆☆ | ☆☆☆ |

## 第五节　课程的评价建议

诗画作文评价的根本目的是促进学生的学习，提高教师教学水平。诗画作文评价激发了学生的表达与习作的兴趣，提升了学生内在的学习驱动力。与此同时，诗画作文的评价还改变了教师单一的课堂教学模式，多元的诗画元素的运用丰富了教师的教学方式，促进了教师的专业化发展。

诗画作文共分为小练笔、口语交际、单元综合训练三种课型。下面针对这三种不同课型提出个性化的评价建议。

### 一、小练笔评价建议

#### 1. 对于教师教学的评价

在小练笔教学中，教师要充分、合理、巧妙地运用诗画元素，化解小练笔中的难点，突出训练重点。不同于单元综合训练，诗画的小练笔要凸显"小"的特点，因为其写的是一段话或者是几段话，而不是成篇的文章。以小练笔《我的校园》教学为例，如何有条理又生动地写好一处景点，这既是重点也是难点，也是为写好综合训练习作"游"这篇游记做铺垫。教师在扮演导游的角色情景中，以小组合作的方式，引导学生根据游览校园的对象（即将入学的一年级新生）、时间（40分钟），在校园平面图上合理绘制游览路线，选取能引发一年级小学生对校园向往之情的景点。在介绍校园景点时，如何介绍某一处建筑物，这对学生来说是有一定难度的。教师可以在范文引路环节呈现《悉尼歌剧院》中有关描写悉尼歌剧院的部分片段，引导学生思考：作者是从哪几个方面来介绍悉尼歌剧院的，在描写它的外观与内部结构时，哪些值得自己学习。继而学写校园中的某一处景点。

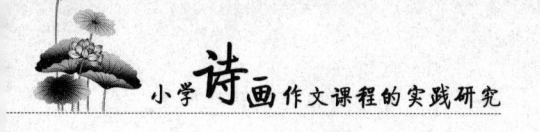

### 2.对于学生学习的评价

学生对教学内容感兴趣，参与的积极性高，学习效率高，能当堂完成小练笔任务。学生写成的语段语句通顺，具体生动，能将老师教的写作方法运用到写作实践中。以小练笔《我的校园》为例，诗画元素的运用、导游情景的设置、小组成员的合作充分调动了学生参与的热情。课后学生交流反馈，"自己喜欢这样的学习方式，很有意思""小组合作交流，课堂上及时交流大家的小练笔，有利于我们之间互相学习"。

## 二、口语交际评价建议

诗画作文口语交际的评价需始终贯穿在整个诗画作文的课堂中，需要关注提高学生口语交际和表达能力的水平。

### 1.对于教师教学的评价

教师在课堂上需结合不同年段的学生特点，创设合理的交际情境。在口语交际课堂中，教师既是口语交际的指导者，又是参与者和评价者。例如，"讲民间故事"一课中，教师在课堂上创设了各种交际情境。学生可以把自己设想成故事中的人物：海力布、小白蛇……融入角色，以不同角色的口吻讲述故事，让人有身临其境的感觉；还可以整合文中的信息，甚至变换情节的顺序，设置一些悬念吸引听众。例如"牛郎织女"一课中，牛郎与老牛相依为命的生活场景，又如，织女们商议如何下凡的场景。这些为学生的口语交际创设的情境可以让学生大胆想象，使故事增加合理的情节，让复述的内容更加精彩。课上，通过"营造情境—配图讲练—提炼方法—分享点评"为学生营造真实的表达情境。在图画的辅助下，学生充分展开想象，创编、讲述故事。

另外，在口语交际的课堂上，教师每一节课的评价点不求面面俱到，而是应该突出重点，一课一评价。教师结合学生在日常生活中以及学习过程中的表现，给予综合评定。以"讲民间故事"为例，课前学生根据情境自主收集、整理、创编自己喜欢的民间故事片段，课中讨论拟定本次故事会的评价标准，聚焦"丰富故事细节""讲述生动"两个评价点进行评价。见表1–7。

表1-7 "讲民间故事"评价标准

| "讲民间故事"评价表 ||  |
|---|---|---|
| 评价标准 || 星级 |
| 丰富故事细节 | 增加情境 | ☆ |
| | 添加对话 | ☆ |
| | 描绘形象 | ☆ |
| 讲述生动 | 表情丰富 | ☆ |
| | 配上动作 | ☆ |
| | 画面辅助 | ☆ |

随后,学生开展小组讲故事、评故事活动,其中既有个人讲故事也有小组合作讲故事。学生在分享与点评中,再次感受民间故事的语言魅力。本堂口语交际课充分挖掘了语文口语交际的育人价值,提升了学生的口语交际能力及语文学科核心素养。

**2. 对于学生的评价**

教师应根据不同年段的要求,结合学生的参与意识、情感态度以及表达能力而评定。教师课堂上除了对学生在讲述、应对、复述、转述、讨论等每一课的交际要点时评价学生的口语交际能力,还应注重学生在诗画作文口语交际课堂中的参与意识和积极性以及学生在口语交际中展现出的交际素养。口语交际的评价须在具体的交际情境中进行,让学生有真实的交际评价任务,在交际中除关注学生交际内容的评价,如言之有理、言之有据等,还需对学生交际综合素养进行评价,如口语交际的态度与习惯、说话态度、口齿等。此外,评价学生日常口语交际的基本能力:如学会倾听、回应有礼等,从而达到提高学生交际积极性及提升口语交际水平的目的。

以五年级上册口语交际课"讲民间故事"为例。课前学生开展了"读民间故事,创作连环画"的综合学习活动,学生通过阅读感兴趣的民间故事,丰富阅读经验,随后,选择自己喜欢的民间故事片段绘制连环画、制作PPT,从而为帮助学生记住故事情节,把故事讲得更生动、更吸引人做好准备。教师课堂上以经典民间故事的图片导入本次口语交际课的话题,营造轻松的交际氛围,能够唤起学生的交流兴趣,激发学生的表达愿望,为后面创造性地复述民间故

事做好铺垫。

## 三、单元综合训练评价建议

### 1. 对于教师教学的评价

单元综合训练教学中,教师的指导环节要注意短、平、快,把更多的时间留给学生写作。在整个教学过程中,教师的评改示范性需得到充分体现,并且能多层次、多角度地展示学生的写作成果。在进行"'漫画'老师"这一单元综合训练时,教师只用了十五分钟的时间指导,而把更多的时间留给学生写作。教师先采用例文引入构建思维导图的方式来厘清习作的要点,通过例文,了解作者两件具体的事例来突出老师"顽童"的特点,知晓作者分别通过对人物的动作、语言、神态等的细节描写将事例写得更有画面感。教师通过例文逐渐点拨要点,在学生交流的过程中绘制习作构思的思维导图,帮助学生建立习作构思,发散习作思维,提升习作效率。

### 2. 对于学生学习的评价

学生在学习的过程中,根据题目要求仔细审题并拟定适切的题目,能在审题的基础上确定文章中心并合理安排文章结构、内容材料,在整个单元综合训练的表达过程中语言通顺,语意连贯,能主动、灵活地运用积累的词句、成语等;使用标点正确,基本没有错别字。在"'漫画'老师"这一课的学习后,教师通过指导环节,梳理相关思维导图构建习作框架后,教师有了一定的习作思维,并通过合理的习作评价单明确习作要求,凸显评改的示范性。这样,学生在有层次性的修改后能合理组织材料,安排文章结构,使习作句意连贯,立意有趣。以下是示范评改的习作评价表(表1-7)。

表1-7 示范评改的习作评价表

| "'漫画'老师"习作评价单 | |
| --- | --- |
| 能抓住人物特点,合理定下习作对象 | ★★★ |
| 能用一两件具体事例描写出老师的特点 | ★★★ |
| 能关注人物细节描写,抓住老师的动作、语言、神态等描写,将事例写具体 | ★★★ |

小练笔、口语交际、单元综合训练在诗画作文体系中虽属不同课型,但在

评价时有以下需要注意的共同点：

① 评价及时性。评价尽量放在课内完成。评价的及时性影响着学生的习作表达，能对学生的持续发展和水平提高发挥作用。

② 评价合理性。在教学环节中充分合理地运用诗画元素，为开展教学巧妙搭建支架。

③ 评价多元性。评价主体多元化，师评、自评、生生互评。根据需要，教师可让学生家长、社区、专业人员等适当参与诗画作文评价活动。

④ 评价一贯性。教师在指导环节提炼的评价点，应是学生进行习作表达与评价的依据。评价点应贯穿整个课堂始终。

诗画作文评价不仅能有效地化解学生畏难的心理，激发学生兴趣，使他们扎实有效地掌握交际习作表达的方法，而且能丰富教师课堂，提升教学质量。教师在评价时巧妙有效地运用诗画元素，就能改善作文教学中"用力多而收获少"的局面，继而提升作文教学的质量。

# 第二章

# 小学诗画作文课程图谱的建构

# 第一节　课程图谱建构的依据

诗画作文课程图谱的结构包括诗画作文课程图谱的构成内容和内部联系。

## 一、课程图谱的整体介绍

### （一）课程图谱的建构框架

课程图谱框架分年级、学期、单元，按照小练笔、口语交际、单元综合训练三种课型进行搭建。诗画作文课程图谱框架见表2-1。

表2-1　诗画作文课程图谱框架

| 年级 | 学期 | 单元 | 小练笔 | 口语交际 | 单元综合训练 |
|---|---|---|---|---|---|
| | | 一 | | | |
| | | 二 | | | |
| | | 三 | | | |
| | | 四 | | | |
| | | 五 | | | |
| | | 六 | | | |
| | | 七 | | | |
| | | 八 | | | |

课程图谱设计的题目是针对学生的，使学生在读完这个题目后，了解到要做什么。设计的题目首先考虑到学生的实际，其次巧妙地借助图画、视频等媒介进行设计。诗画作文中的"诗"包括诗歌，有古诗词、现代儿童诗等。设计的语言训练点既可以是理解词句意思、体会诗歌情感、想象并描述画面，还可以是儿童诗仿写、续写等。同时考虑学生的学业负担因素，每个单元安排一次

小练笔、一次口语交际训练和一次单元综合训练。其中，小练笔是以小学生自己编写为主，改编为辅，剩下两个版块是以教材规定的训练内容为重，在这个基础上，教师根据诗画作文的教学理念进行改编或自编。

### （二）课程图谱的素材来源

诗画作文课程研究的课堂体系就是"五级三线一体"课程图谱。"五级"就是五个年级，"三线"指小练笔、口语交际、单元综合训练，"一体"是指"五级""三线"构成的诗画作文课堂教学这个整体。

"三线"中的小练笔是单项的训练，口语交际是落在口语表达和交流互动上的训练，单元综合训练是凸显听说读写的综合能力的训练。这些语言训练点的设计要基于诗画作文课程素材，针对课程素材，可以进行简单的分类。从素材内容来分，有基础类内容和拓展类内容。基础类素材主要是教材课文内的语言训练点，包括学习课文过程中提炼的训练内容和课后练习题目。它既可以直接用，也可以改编后用。拓展类素材主要是教材外的内容，如绘本、诗歌创编等。其从素材形式来分，既有静态的图画、儿童诗等，也有动态的视频素材等。

当然，诗画作文课程素材还可以有更多的内容和形式，而这些素材要依托诗画，借助诗画载体转化成课堂资源，帮助学生理解文本、内化文本，并形成自己的文本表达。

## 二、课程图谱的内在联系

部编版小学语文教材采用"双线组织单元结构"，按照"人文主题"组织单元，使课文大致都能体现相关的主题，形成一条显性的线索；同时有另一条线索，即将"语文素养"的各种基本因素，包括基本的语文知识、必需的言语技能、适当的学习策略和学习习惯，以及写作、口语训练等，分成若干个知识或能力培养点，分布并体现在各个单元的课文导引中。每个单元都有单元导语对本单元主题略加提示。因此，我们开展诗画作文课程研究也应遵循这样的原则。

### （一）构建横向主题类文之序

序是指序列。《现代汉语词典》对"序列"的解释为：按次序排好的行列。在本论题研究的说话、写话、习作教学范畴内，序列应是一个循序渐进、由浅入深的科学教学体系。美国著名教育心理学家加涅提出了"序列原则"。他认为，学习是一种循序渐进的过程，教师在教学中应当遵循两个序列：①学生认识能力的发展序列；②科学知识逻辑结构序列。在本论题研究的说话写话习作教学范畴，序列化是指使诗画作文教学体系呈现的循序渐进、由浅入深的状态。

## 1. 内容的融合

诗画作文的格局是广阔的、自然的，不局限于课堂内外，而是将课内外的习作资源打通。各年级教材中的课文、练习、习作中都含有诗画的元素，教师可将这些诗画元素与说话、写话、习作相关联。

例如，部编版小学语文一年级上册第六单元的人文主题是"想象"，语文要素是"把课文读正确，读通顺。初步建立句子的概念"。基于这样的人文主题和语文要素的要求，教师可以设计以"童言诗语"为主题的语言训练。小练笔的题目设计巧妙地帮助学生了解不同标点符号的写法和作用。诗歌化、童趣化的语言也给学生提供了进一步创作的空间。口语交际版块设计的讲故事的活动，让学生不仅能训练口头表达，而且掌握不同场合用不同的交际技能。单元综合训练题目设计里有表演、想象、交流，以锻炼学生听、说、读的综合能力（表2-2）。

表2-2　以部编版小学语文一年级上册第六单元为基础的诗画作文设计

| 主题：童言诗语<br>题目：观察插图表达<br>小青蛙要写诗，看看插图说说谁来帮忙。用"（　）给小青蛙当（　）"句式来表达。<br>要求：<br>1.先朗读课文，再完成填空。<br>2.把句子说完整 | 主题：童言诗语<br>题目：看插图讲故事<br>班级里"故事大王"比赛开始了，请你做一份故事小报，并把故事讲给同桌听。<br>讲故事要求：<br>1.看着对方，声音适中。<br>2.故事完整，语言连贯。<br>听故事要求：<br>1.认真倾听，记住信息。<br>2.尊重对方，礼貌提问。 | 主题：童言诗语<br>题目：表演·想象·交流<br>请正确地读儿歌《谁会飞》，并根据儿歌的内容做动作，用句式"（谁）会（　）？（谁）怎样（　）？"来说一说。<br>要求：<br>1.会用句式把话说完整。<br>2.能说清楚动物的本领 |
|---|---|---|

注：设计者刘美、付惠。

## 2. 方法的重合

从横向来看，小练笔、口语交际和单元综合训练是在一步步落实单元语文要素。三者之间有区别，更有联系。诗画元素的课堂实践研究并不是将部编版教材中的人文主题和语文要素撇开，而是基于部编版教材的双线体系进行系统化、模块化的研究与实践。其中，单元综合训练重在引导学生迁移运用，将读、说、写结合，落实语文要素的读写结合。

例如，部编版小学语文三年级下册第一单元的人文主题是"动物植物"，语文要素是"试着一边读一边想象画面，体会优美生动的语句"。基于这样的人文主题和语文要素，教师可以设计以"走进大自然"为主题的语言训练。这个练习就是要求学生仿照课文《荷花》作者的写作手法，观察自己喜欢的一种植物，写出它的姿态美。这样的设计注重读写结合，将课堂上阅读课文所得运用到课外的观察练习写作中。此外，口语交际版块要抓住春游的契机，让学生自选地方展开想象，讲述有趣的活动，图文结合展示春游的地方，并通过图片展示、照片描述等方式帮助学生说清楚想法和理由。单元综合训练题目是教师在前面小练笔和口语交际的基础上，让学生有观察、有重点、有选择地写自己的植物朋友，并借助观察记录卡——名称、样子、颜色、气味等方面，教会学生如何通过看一看、摸一摸、闻一闻等多种方式去观察，学会用记录表的方式记录观察的内容，从而降低难度，让学生把观察到的事物写清楚（表2-3）。

表2-3 以部编版小学语文三年级下册第一单元为基础的诗画作文设计

| 主题：走进大自然 | 主题：走进大自然 | 主题：走进大自然 |
| --- | --- | --- |
| 题目：我喜欢的植物 | 题目：春游去哪儿玩 | 题目：我的植物朋友 |

注：设计者陶琴、蒋枫、叶含玉。

## （二）构建纵向阶梯的年级之序

20世纪80年代以来，以叶圣陶、吴忠豪为代表的教育专家确定了作文序列化教学的重要性。叶圣陶在《语文是一门怎样的功课》中阐述自己的观点："语文教学还没有形成一个较为周密的体系"是造成学生语文程度不够的重要原因之一。他希望"给小学语文教学初步建立起一个周密的体系"。"五级三线一体"诗画作文课程中的语言训练要层层递进，这种递进式的教学既要符合

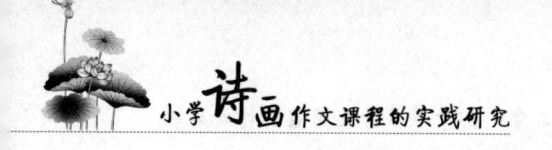

写作本身的规律，又要符合小学生心理发展的规律，更要有相应的教学理论做支撑。这样建构起的序列才更科学。

教师根据《课程标准》中的课程目标设定，按一、二年级，三、四年级，五年级三个学段分组进行研讨与实践。低中高三个学段在诗画主题作文中呈螺旋阶梯状。每个年段的课程内容既有侧重点、有关联，又相互渗透，有内容的衔接、方法的呼应、能力的递进。

**1. 内容有序**

小练笔就是小型的训练小学生口头或笔头表达的练习。低学段的学生更多是小练说，从三年级开始慢慢过渡到笔头上的小练习。小练笔的内容设计既可以是课后练习、课文中挖掘的语言表达训练点，还可以是从课外寻找的语言训练点。如部编版小学语文二年级下册的小练笔主题与"风"相关（表2-4）。为此，诗画作文课程围绕教材进行了如下设计。

表2-4　以部编版小学语文二年级下册小练笔为基础的诗画作文设计

| 二（下）第一单元 | 主题：你看，风儿有巧手 |
|---|---|
| 二（下）第二单元 | 主题：你瞧，风儿是朋友 |
| 二（下）第三单元 | 主题：你猜，风字从哪来 |
| 二（下）第四单元 | 主题：你来，随风找四季 |
| 二（下）第五单元 | 主题：你看，风儿怎么办 |
| 二（下）第六单元 | 主题：你听，风儿有力量 |
| 二（下）第七单元 | 主题：你听，风儿在歌唱 |
| 二（下）第八单元 | 主题：你编，风儿有故事 |

注：设计者朱冬蕾。

二年级的学生想象力非常丰富，但是，他们在表达规范上还需要教师多加指点和训练。模仿对于低年级的学生来说是训练书面表达的好方法。学生有较好的仿写对象和写的兴趣是很重要的。因此，在每个单元，教师可以为学生寻找可参考、模仿的诗作或故事，帮助学生逐步从仿写过渡到自主创作。

特级教师张泉灵说过："一个孩子如果不会观察自我，观察生活，观察自然，打开五官，有意识地感受，只是靠读书去输入，他的输入是不完全的、不成熟的、不清晰的。"所以除了仿写外，二、六、七单元的设计是希望学生能通过自己的生活经验来完成小练笔，能够仔细感受风，回忆见过怎样的风，分辨不同时节的风等，养成乐于观察生活的习惯，使学生的想象更为合理，表达更为准确，也为之后高年级的想象单元的语言训练做铺垫。

其实，这样的整体设计还考虑到结合教材指定的习作、课后练习和课文等资源，并围绕语文要素和学生年段特点进行反复练习，最终帮助学生逐步掌握练笔的方法，建立表达的信心。

从这里我们也可以看出，小练笔的设计资源还是很丰富的，还可以有更多的思路。比如，挑选节气和节日相结合的汉字来形成系列。另外，教师需要把握各年段的小练笔序列训练中间的连贯性。比如，感官命名活动：你听，风儿在歌唱；你看，月儿在舞蹈；你闻，花儿吐芬芳；你尝，……；你画，……。还可以以季节命名，如春游、夏赏、秋行、冬玩……

智慧的教师们在实践中会发现更多适合学生的有特色的训练表达名称。同时，每个单元安排的一次小练笔可以按照一学期或半学期统筹规划，后一次的练习与前一次的练习有内在的联系，如内容的衔接、方法的呼应、要求的递进等，使其尽量形成序列化。

**2. 方法有序**

一个按照学生的身心发展和知识积累水平设计的有序训练系统可以引导学生从易到难、由浅入深地进行习作训练，有利于作文教学目标的实现。

比如，第一篇"暑假里的新鲜事"。口语交际的要求比较明确，借助诗画元素激发学生口语表达的兴趣，并且化解学生口语表达的难点。第二篇"名字里的秘密"。这是一个由说到写的过渡训练资源，先教给学生说清楚的方法，为以后落实到写奠定基础。前几册有一些关于"讲清楚"的要求，如"按照顺序说"（二年级上册）、"清楚地表达想法，简单说明理由"（二年级下册），本次的"讲清楚"要引导学生把收集到的信息说明白，一是说清要介绍什么名字；二是有条理、有顺序地把这个名字的含义或来历等讲清楚。前几册也有一些关于"礼貌地回应"的要求，本次的口语交际也提出了更高的要求。同时，结合单元语文要素"预测"，口语交际训练适当设计了这样的训练，如通过名字的猜与答游戏，迁移运用"预测"策略。第三篇"'小事'其实并不小"。其训练的重点依然是清楚表达自己的想法，这其中方法的关联性不言自明（见表2-5）。

表2-5  以部编版小学语文三年级上册口语交际为基础的诗画作文设计（节选）

| |
|---|
| 题目：暑假里的新鲜事<br>你在暑假里经历了哪些新鲜事？请你选择别人可能感兴趣的内容和大家交流一下吧！可以先把你的事情画下来，拿着图向大家介绍，会帮助你表达得更清楚 |
| 题目：名字里的秘密<br>你知道你自己名字或者你家人名字的由来吗？说不定你或者你家人的名字里还藏着一个很新鲜的故事呢！请你把你所了解的新鲜事和大家交流一下吧 |
| 题目："小事"其实并不小<br>请结合书上的插图来说一说插图里发生了什么事？在你们的身边有没有这样的"小事"呢？请你也把身边发生的新鲜事画下来，然后和大家交流一下吧 |

注：设计者蔡凯燕。

口语交际主题的内容是教材中设定好的。首先，要利用好部编版教材中的指定的口语交际主题内容；其次，结合人文主题和语文要素来进行课文外的拓展；最后，参考其他版本的教材。这些不同版本的教材里面有许多资源可以使用。此外，学生的生活中也有不少素材资源可以捕捉，比如，学校开展的成长四季活动等都可以作为口语交际主题的资源。口语交际主题的设计既可以高而大，也可以精而小。

### 3. 能力有序

单元综合训练对应的是《课程标准》中提到的写话和习作模块。就阶段目标而言，一、二年级学生"写话"的重点在于"对写话有兴趣，写自己想说的话"，尝试将自己想说的话由口头语言转化为书面语言。一年级和二年级学生的能力目标有区别，也有联系。一年级学生重在激发口语表达的兴趣，规范口语表达，养成良好的口语表达习惯，为二年级书面表达奠定基础；二年级学生的写话是口语表达向书面表达迈进的第一步。教师要对学生进行写话的指导，并实现一定量的训练。而二年级学生口语交际也很重要，二年级学生还要区分书面表达和口头表达的不同，认识到书面表达有格式和标点的要求。总之，二年级学生需要在书面表达上的内容和形式上都获得教师指导，养成良好的书面表达习惯。三、四年级学生"习作"的目标是"乐于书面表达""能不拘形式地写下自己的见闻、感受和想象"。五年级学生"习作"的目标是"能写简单的记实作文和想象作文，学写常见应用文"。为了提升学生写作的能力，我们从三年级到五年级安排了47篇习作话题训练，其中记实作文共28篇，占习作总量的59.57%，可大致分为写人、事、物或景，以及说明性习作。想象作文和应用性作文都是9篇，分别占19.15%（表2-6）。

表2-6 部编版小学语文三至五年级习作训练表

| 册次 | 记实作文 ||||想象作文<br>（8篇）|应用性<br>作文<br>（5篇）|其他<br>（4篇）|
||人（7篇）|事<br>（10篇）|物景<br>（8篇）|说明性<br>（5篇）|||| 
|---|---|---|---|---|---|---|---|
| 三上 | （一）写同学 | （八）写玩的经历 | （五）写观察的事物或场景；<br>（六）写身边美景 | （三）看图编童话；<br>（四）看图编故事 | （二）写日记；<br>（七）对生活现象写想法 | — | — |
| 三下 | （六）写身边人 | （二）看图作文；<br>（三）写过节；<br>（四）写实验 | （一）写植物朋友 | （七）介绍大熊猫 | （五）命题想象故事；<br>（八）编动物童话 | — | — |
| 四上 | （二）写家人 | （五）写印象深的事；<br>（六）写游戏；<br>（八）写突出心情的事 | （一）推荐好地方 | — | （四）想象与神话、童话主角相处一天的故事 | （三）写观察日记；<br>（七）给亲人写信 | — |
| 四下 | （七）写自画像 | （一）写自己的乐园；<br>（六）写学会做的事 | （四）动物朋友；<br>（五）写游记 | — | （二）写自己的发明；<br>（八）故事新编 | — | （三）写诗歌，合编小诗集 |
| 五上 | （二）"漫画"老师 | — | （一）写心爱之物；<br>（七）写观察的自然现象 | （五）运用说明方法介绍一种事物 | （四）二十年后的家乡 | （三）缩编故事；<br>（六）给父母的信 | （八）推荐好书 |
| 五下 | （三）写一个人情绪及表现；<br>（四）写一个人的特点 | （一）写自己成长经历 | — | （六）介绍世界文化遗产 | （五）编人物探险故事 | （二）写读后感；<br>（七）漫画的启示 | — |

注：表中数字序号为每册教材各单元序号。

写人习作共安排7次练习。三年级上册第一篇习作就是以"猜猜他是谁"

47

的游戏形式入手，创设表达的交际语境，启发学生观察并从不同角度描写身边同学的特点，激发学生表达的欲望和习作的兴趣。三年级下册则在第六单元安排学生围绕提示词语来描写身边人的特点，提示其可以从一件事情来写，逐渐提高学生的审题能力和选材能力。四年级教材则要求写家人和自己的特点，从学生认知的角度来说，往往是相处时间最长的、最熟悉的家人，反而最不容易写，这需要学生将感性的认知逐渐提高到抽象的认知。五年级教材仍围绕人物特点，上册第二单元以"漫画"形式"放大"人物特点，下册第四单元启发学生从对人物外在的观察进入到内在的揣摩，从而提升学生从"叙述"到"描写"的表达能力。第五单元则以典型事例来突出人物特点，使学生对身边人的认知逐渐从感性走向理性。

对于三至五年级小学生，部编版教材一共安排了四次写景方面的练习。第一次出现在三年级上册第六单元"这儿真美"，训练点是"围绕一个意思写"；第二次出现在四年级上册第一单元"推荐一个好地方"，训练点是"学习用推荐书的格式，写清楚推荐理由"；第三次出现在四年级下册第五单元"游_____"，训练点是"按照游览的顺序写，把过程写清楚"；第四次出现在五年级上册第七单元"_____即景"，训练点是"描写景物的动态和静态美，写出景物的变化"。诗画作文课程重在引入图画，提供支架，化解学生表达难点，提升表达能力（表2-7）。

表2-7 以部编版小学语文三至五年级"写景"习作练习为基础的诗画作文设计

| 册次 | 所在单元 | 题目 | 训练点 | 提供支架 |
| --- | --- | --- | --- | --- |
| 三上 | 六 | 这儿真美 | 围绕一个意思写 | 创作"这儿"图画 |
| 四上 | 一 | 推荐一个好地方 | 学习用推荐书的格式，写清楚推荐理由 | 创作"好地方"图画 |
| 四下 | 五 | 游 | 按照游览的顺序写，把过程写清楚 | 画简易路线图 |
| 五上 | 七 | ____即景 | 描写景物的动态和静态美，写出景物的变化 | 借助插图 |

图画是丰富的课程资源，在教学实践中，要充分利用好这一资源。比如，画"这儿"的美景，用积累和学过的词语写一写美景。图画从形式上来说，有

动态，也有静态；从来源上来说，有现成的，也有互动生成的。插图作为图画之一，以图像的形式表达文字的内容，是语言文字的形象化产物。插图的风格呈现多样性，表现形式也丰富多彩，大大提升了文字的魅力与张力。插图能帮助学生理解文本内容，让学生建构对文本的理解模式，为学生把文本语言转化成自己的语言提供支撑。

可以看出，三年级是学生习作的起步阶段，这个阶段侧重于观察和想象的指导，进行初步的片段训练；四、五年级主要进行记实作文和想象作文的训练。五年级一个学年一共进行15次习作，每次习作都有前后的关联，既考虑学生的原有学习基础，又训练提升学生新的能力。梳理习作单元可以看出诗画作文课程以诗画为载体，借助各单元综合训练，从段到篇，螺旋式提升学生的言语核心表达能力（表2-8）。

表2-8 部编版小学语文三至五年级习作核心能力

| 册次 | 所在单元 | 习作核心能力 |
| --- | --- | --- |
| 三上 | 五 | 自己观察事物或场景，画一画、写一写。写完后向同学展示观察所得 |
| 三下 | 五 | 结合图表，大胆想象，写一个想象故事。写完后与同学交换点评 |
| 四上 | 五 | 绘制四格漫画，再按事情的发展顺序写清楚一个故事 |
| 四下 | 五 | 制作一份旅游攻略，再按照一定顺序把自己的游览过程写出来分享给大家 |
| 五上 | 五 | 绘制思维导图，用说明性的文字介绍手工品的制作过程 |
| 五下 | 五 | 观看视频，想象自己是影片中的主人公并画出来，把探险的过程写具体 |

单元综合训练在字数上有不同的要求，这也是能力有序的体现。教师结合学生的实际学习情况，针对不同的年段设置不同的目标。一、二年级，三年级上册教材，无字数要求；三年级下册教材，要求不少于200字；四年级上册教材，要求不少于250字；四年级下册教材，要求不少于300字；五年级教材，要求不少于400字。大家可以发现，三年级下册出现字数要求后，都是"不少于多少字"的要求。一定的字数要求保障了学生基本能力的发展要求，同时也为能力较强的学生提供了空间，打破"上限"（表2-9）。

表2-9 诗画作文课程的小练笔、单元综合训练字数要求

| 年级 | 学期 | 小练笔字数要求 | 单元综合训练字数要求 |
| --- | --- | --- | --- |
| 一 | 一 | 无 | 无 |
|  | 二 | 无 | 无 |
| 二 | 一 | 无 | 无 |
|  | 二 | 无 | 无 |
| 三 | 一 | 无 | 无 |
|  | 二 | 不少于50字 | 不少于200字 |
| 四 | 一 | 不少于100字 | 不少于250字 |
|  | 二 | 不少于200字 | 不少于300字 |
| 五 | 一 | 不少于250字 | 不少于400字 |
|  | 二 |  |  |

总之，诗画作文课程内容主要从能力维度来设计编排，突出了学生认知水平和表达能力内在发展的系统性和序列性，呈现出循序渐进、螺旋递进的发展特点。从一年级到五年级，学生的语言学习能力是逐步提升的，而诗画作文的课程体系体现了年段差异，关注了学生的差异。诗画作文课程从构建说话、写话、习作的内容序列、能力序列等方面进行思考探索，使说话、写话、习作的教学能按照从易到难、由浅入深的规律合理有序地开展，从而提高说话、写话、习作教学的有效性。

# 第二节　课程图谱建构的内容

## 一、二年级诗画作文课程图谱（表2-10）

表2-10　一、二年级诗画作文课程图谱

| 年级 | 学期 | 单元 | 小练笔 | 口语交际 | 单元综合训练 |
|---|---|---|---|---|---|
| 一 | 上 | 一 | 主题：趣味识字<br>题目：看图猜字<br>小朋友，智慧的古人用画画来记住文字。每一幅图片代表一个象形字，请你"火眼金睛"，仔细观察，玩一玩看图猜字的游戏吧！注意：结合图片，发挥想象 | 主题：校园生活<br>题目：看图合作做游戏<br>小朋友，图画上的游戏你会做吗？看一看，对同桌说一说，这是什么游戏，怎么玩？和同桌一起玩一玩这个游戏吧！同桌注意听口令，配合好。<br>注意：<br>1.如果你是发指令的人，要大声说出你的指令，让同桌听得见。<br>2.同桌发指令时，请你注意认真听，按指令及时做动作 | 主题：诗画想象<br>题目：读诗·想象·交流<br>小朋友，请你跟着音乐，打起节拍，朗读古诗《山村咏怀》，当当小诗人吧！选择一句诗，想象画面，把你想到的跟同学交流一下 |

续表

| 年级 | 学期 | 单元 | 小练笔 | 口语交际 | 单元综合训练 |
|---|---|---|---|---|---|
| 一 | 上 | 二 | 主题：趣拼识音<br>题目：看图说话练习<br>声母真奇妙，本单元我们认识了拼音王国的声母家族，它们有21个成员呢，你知道吗？每个声母的发音和形状都不一样，你有什么好办法记住它？看看图片，请你自选一个声母，仿照一个句式练习说话。例如，ggg，什么g？ggg，哥哥的哥 | 主题：诗画想象<br>题目：看图说话<br>看一看书上的插图（P38），用提供的词语（小鱼、小鸡、虫子、一座山、四朵云、七朵花、九只鸟）说一句意思完整的话给你的同桌听，同桌评一评他的意思是否说完整了，如果说完整了，给他竖个大拇指 | 主题：绘"声"会"演"<br>题目：朗读·绘画·表演<br>小朋友，最近我们学习了不少拼音，你们的本领越来越大了。来考考你们，请正确流利地朗读《拼音儿歌》，请你画一画你喜欢的拼音，并边读边做动作表演给同学看 |
| | | 三 | 主题：趣拼识音<br>题目：看图说话练习<br>看看教材中的插图（P46），找一找前鼻韵母都藏哪儿去了？请你自选一个后鼻韵母，仿照句式练习说话。例如，an，an，an，什么an？an，an，an，天安门的an，天安门在首都北京 | 主题：诗画想象<br>题目：看图说小白兔的特点<br>你喜欢小白兔吗？听一听，读一读这首儿歌：小白兔，穿皮袄，耳朵长，尾巴小。三瓣嘴，胡子翘，一动一动总在笑。看着这幅图片，向你的同桌说一说，你知道了小白兔的哪些特点？同桌注意听，如果他说得对，给他竖个大拇指 | 主题：诗画想象<br>题目：读诗·想象·交流<br>小朋友，请你当当朗读者，有感情地朗读儿歌《家》（P48），并且思考：课文中写了（哪儿）是（谁）的家？观察图片，想一想，还有（哪儿）是（谁）的家？想好了以后，仿照儿歌，说一段话 |
| | | 四 | 主题：趣想连篇<br>题目：看图想象说话<br>小朋友，弯弯的月儿像小船，挂在蓝蓝的天空中。月儿还像什么？请你展开想象的翅膀，用上句式练习说话：弯弯的月儿像（　　），挂在蓝蓝的天空中 | 主题：校园生活<br>题目：读儿歌　交朋友<br>小朋友，班级里有没有你最想结交的朋友呢？先读一读儿歌《交友歌》：自我介绍要微笑，看着对方的眼睛说，认真倾听有礼貌，说说兴趣和爱好，主动 | 主题：绘声绘色<br>题目：吟诗·绘画·交流<br>朗读古诗《咏柳》，小朋友，诗人贺知章在这首诗中描绘了春天柳树勃勃生机的样子，请你拿起画笔，把你读《咏柳》时想到的画面画出来，与同学分享。用一两个句 |

续表

| 年级 | 学期 | 单元 | 小练笔 | 口语交际 | 单元综合训练 |
|---|---|---|---|---|---|
| 一 | 上 | 四 | 注意：<br>1.想象合理。<br>2.句子通顺 | 邀请不能少，交上朋友真正好。再想一想，怎么跟新朋友自我介绍呢？请同学们在四人小组里做自我介绍。介绍自己时，面带微笑，注视对方，清楚明确地表达出自己的想法。听的同学认真听，看着对方的眼睛听 | 子来描述你画的画 |
| 一 | 上 | 五 | 主题：会意识字<br>题目：看图猜字<br>小朋友，汉字真奇妙。请看课后习题（P73），两个字拉拉手，就能变成一个新字，这样的字叫作会意字，你能看看图片，猜出这些字的意思吗？用以下句式练习说话：（　　）是左边的（　　）加上右边的（　　），意思是（　　）。<br>注意：<br>1.仔细观察图片。<br>2.把句子说完整，说通顺 | 主题：诗画想象<br>题目：图画续编故事<br>读读《拔萝卜》的故事（P78-79），你喜欢这个故事吗？看看图画，小猫还请来了小老鼠帮忙，后来怎么样了呢？请你先想一想，再跟同桌讲一讲你想象的《拔萝卜》的故事吧。同桌要认真听，听他讲清楚了没有，如果讲得好，给他竖个大拇指 | 主题：诗词新编<br>题目：读诗·创编·交流<br>小朋友，请你正确流利地朗读古诗《对子选读》，并且思考：诗中出现了几对对子，分别是（什么）对（什么）？你还会想到生活中（什么）对（什么）？想好了以后，仿照对子，说一说。<br>注意：<br>括号里填的是反义词 |
| 一 | 上 | 六 | 主题：童言诗语<br>题目：根据课文说话<br>小朋友，小青蛙写诗时，都有谁来帮忙啦？看看教材插图，请你根据课文内容用以下句式练习说话：（　　）给小青蛙当（　　） | 主题：诗画想象<br>题目：图画故事大比拼<br>小朋友，班级里要举行"故事大王"比赛了，请你提前做好故事的图画小报，把准备的故事讲给同桌听。同桌认真听，听他讲清楚了没有，给他评一评，提提意见 | 主题：诗意物语<br>题目：表演·想象·交流<br>小朋友，请你一边正确流利地读一读儿歌《谁会飞》，一边做做相应的动作，仿照儿歌的句式：（谁）会（　　）？ |

53

续表

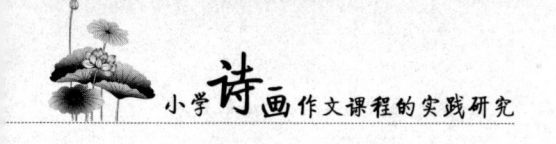

| 年级 | 学期 | 单元 | 小练笔 | 口语交际 | 单元综合训练 |
|---|---|---|---|---|---|
| 一 | 上 | 六 | 注意：<br>1.有感情地朗读课文，再尝试填空。<br>2.把句子说完整，说通顺 | 注意：<br>故事完整，语言连贯。<br>小贴士：<br>1.注意让别人听清楚你的故事。<br>2.讲故事时要看着对方的眼睛 | （谁）怎样（　　）？<br>请你当一当小老师和同学们一起看看这些图片，说一说其他小动物的本领 |
| 一 | 上 | 七 | 主题：童年趣事<br>题目：课堂内想象说话<br>小朋友，图中的小朋友是大还是小？请你利用句式进行说话：当我（　　）的时候，我觉得自己很（　　）。<br>注意：<br>1.结合课文内容填空。<br>2.还有哪些时候会觉得自己很大？或者很小？请你结合自己的生活说一说给大家听。<br>3.句子要完整、通顺 | 主题：儿童生活<br>题目："画"说你的远足<br>你期待远足吗？你最想去什么地方远足呢？拿起你的画笔，画下你心中想去的地方，并把你的理由分享给同桌听。同桌认真倾听，听他讲述的内容是不是符合图画内容，如果讲得好，夸夸他 | 主题：诗韵童年<br>题目：吟诗·画诗·交流<br>小朋友，你放过风筝吗？在古代，风筝又叫纸鸢。诗人高鼎看到放学的孩子在放纸鸢，就写了《村居》这首诗，请你借助拼音读一读这首诗，并且画一画"儿童散学归来早，忙趁东风放纸鸢"的欢乐场景。再说一说，你感受到了什么？说一两个句子 |
| 一 | 上 | 八 | 主题：奇思妙想<br>题目：看图想象说话<br>小朋友，乌鸦是通过什么方法喝到水的？你有没有其他办法帮助乌鸦喝到水？看看图片，利用句式练习说话：乌鸦（　　），瓶子里的水（　　），乌鸦就喝着水了。我的办法是（　　） | 主题：诗画想象<br>题目："画"解运瓜难题<br>小兔可以用什么方法把南瓜运回家呢？请你拿起笔画一画，并把画的内容讲给四人小组成员听。小组成员认真倾听，积极讨论，听了大家的方法，你最喜欢哪种？和大家说说你的理由吧。<br>注意：<br>想象合理、积极参与、表达清晰 | 主题：故事有"话"<br>题目：识图·读图·交流<br>小朋友，你知道《三个和尚》的故事吗？请你看图片，读一读这个故事，再分别介绍一下三个和尚是什么样子。他们的衣着是什么样？性格又是什么样的？用一两句说清楚他们的样子、衣着或性格 |

续表

| 年级 | 学期 | 单元 | 小练笔 | 口语交际 | 单元综合训练 |
|---|---|---|---|---|---|
| 一 | 下 | 一 | 主题：走进四季<br>题目：看图说春夏秋冬<br>你喜欢读儿歌吗？快来读一读这首儿歌：春天到，杨柳青青小鸟跳；夏天到，大槐树上知了叫；秋天到，大雁排队向南飞；冬天到，北风吹着雪花飘。用"（季节）到，（谁）（干什么）"的句式先说一说，再写一写 | 主题：童话故事<br>题目：看图画，听故事，讲故事<br>请你一边看图（P10），一边听老师讲《老鼠嫁女》的故事；然后一边看图，一边跟同桌讲讲这个故事。注意在讲故事时，声音大一些，让别人听清楚。听的同学等同桌讲完了评一评：讲得好，竖个大拇指；讲得不完整，可以补充 | 主题：诗画想象<br>题目：诗画创作——谁和谁最好<br>朗读儿童诗《谁和谁好》会发现，除了我们人类有自己的好朋友，大自然界的生物也有好多自己的好朋友呢。联系生活，想想还有谁和谁最要好，拿起画笔画一画。学着作者，仿照诗的内容，自己试着当回诗人说一说：谁和谁好？（谁）和（谁）好，（谁）（怎么样），（谁）（怎么样）。用"因为……所以"说一说原因 |
|   |   | 二 | 主题：春游<br>题目：春天郊游留影<br>在万物复苏的春天去郊游一定很开心吧？你会和家人放风筝、扔飞盘，还是野餐？拍一张你们郊游的照片，用"春天，我和（谁）在（怎么样的）（地方）（做什么）"的句式写好一句话 | 主题：心愿<br>题目：我眼中的春天画景<br>春天的景色是怡人的，你是否也想去郊外走走，寻找春天呢？请把你最喜欢的一处景物画下来，然后用"春天到了，我看到＿＿＿，我想＿＿＿"这样的句式跟同桌互相说一说在美好春天，你的心愿是什么。听的同学评一评，句子说完整了，给他竖个大拇指 | 主题：心愿<br>题目：诗画创作——再接一个<br>朗读儿童诗《一个接一个》，想一想你在生活中是否也会产生过类似的想法，有过从快乐到失望再到快乐这样的心情变化？请你为自己画前后心情变化的三个表情图画，仿照课文，用上连接词"不过"说一说。体会前后情感的变化，继续来当小小诗人 |

续表

| 年级 | 学期 | 单元 | 小练笔 | 口语交际 | 单元综合训练 |
|---|---|---|---|---|---|
| 一 | 下 | 三 | 主题：校园生活<br>题目："绘"运动<br>为迎接运动会，体育课上你会选择什么运动项目进行锻炼呢？先画一画，再用"运动会要到来了，我准备参加（什么项目），为赢得比赛，我（怎么做）"的句式说一说，再写一写 | 主题：成长故事<br>题目：看图求助<br>在生活中，很多时候我们都需要别人的帮助。在寻求别人帮助时，应该怎么说呢？请你观察图片（P38），想一想在不同场景应该怎样正确地寻求帮助。请你选择一个场景，用上"您好！我能……吗？""您好！请您……好吗？""谢谢你！""没关系！"等礼貌用语和同桌互相说一说。同桌听完之后评一评，他的求助是不是有礼貌，是否说清楚了自己的要求 | 主题：成长伙伴<br>题目：看照片，介绍好友<br>朗读古诗《赠汪伦》，向你的好朋友要一张她/他的近期单人照片，用"我们在（什么时间）认识的，我们一起在（什么地方）（干什么），（我们干得怎么样或心情怎么样）！"的句式说一说，再写好一句话 |
|   |   | 四 | 主题：走进家乡<br>题目：最爱美食图大比拼<br>美食会令你垂涎欲滴吗？快去找一道你吃过的最爱的家乡美食的照片，仔细观察它的外观，用"我最喜欢吃（什么），它有着（怎么样的什么），（怎么样的什么），吃起来（怎么样）"的句式说一说喜爱之情，并写出来 | 主题：走进家乡<br>题目：看图介绍粽子<br>小朋友，你知道关于端午节或粽子的故事吗？看着这两幅图片，用下列词语：青青的箬竹叶、白白的糯米、红红的枣、一股清香、又黏又甜、爱国诗人、屈原，向同桌介绍粽子。听的同学评一评他能得几颗星。<br>注意：<br>眼看对方，音量适中；<br>内容完整，语言连贯；<br>条理清楚，表达有序 | 主题：走进家乡<br>题目：宣传画——最美建筑<br>朗读古诗《静夜思》，为自己的家乡做个图画宣传小报，介绍你印象最深的建筑，用你的妙笔画一画，再写上点文字。用"我的家乡在（什么地方），那里有（怎么样的什么），有（怎么样的什么），还有（怎么样的什么）"的句式说一说，再写好一句话 |

续表

| 年级 | 学期 | 单元 | 小练笔 | 口语交际 | 单元综合训练 |
|---|---|---|---|---|---|
| 一 | 下 | 五 | 主题：走进自然<br>题目：自然界之歌——诗画创作<br>学习了《动物儿歌》这首儿童诗，你发现了吗？大自然的小动物有自己独特的生活方式。请你也来做小诗人，看看图画，用"谁在哪里干什么"的固定句式，用字数相等的诗句形式进行一番创作吧 | 主题：成长故事<br>题目：看图打电话<br>请你观察图片（P62），说说打电话时有哪些礼仪？然后试着用"喂，您好！我是××……"为开头给同桌打一个电话。注意打电话时自然大方，声音响亮，把要表达的内容说清楚。同桌配合好，也要做到声音响亮，把要表达的内容说清楚。打完电话之后，互相评一评，哪些地方做得好，哪些地方还需要改进 | 主题：校园生活<br>题目：图画世界——热闹的操场<br>朗读儿歌《操场上》（练习册P46），仔细观察图片并为他们添加一些色彩，再试着说一说他们都在（干什么），最后写一写。用"操场上真热闹呀！有的（在干什么），（怎么干）；有的（在干什么），（怎么干）；还有的（在干什么）（怎么干）"的句式说一说，写清楚图片中下课操场上的情况 |
|  |  | 六 | 主题：走进夏季<br>题目：夏日画清凉<br>炎热的夏天你会吃冰棍消暑吗？你都会吃什么样子的冰棍呢？先画一画，再用"（怎么样的）夏天，我会吃（什么冰棍）、（什么冰棍）、（什么冰棍）……其中，我最喜欢吃（什么冰棍），因为（什么）"的句式说一说，写一写 | 主题：走进夏季<br>题目：声声入耳，以画传语<br>夏天是一个有声的季节，我们一起来看看同学们录制的小视频，有"夏天的雨声"，有"夜间的蝉鸣"，还有"田野的蛙声"，多美妙啊！请你和同桌合作用"夏天到了，我听到_____，它_____"这样的句式为这段视频配上一两句话 | 主题：走进夏季<br>题目：诗话夏景<br>朗读《古诗二首》（P67），看看书上的插图找到图片对应的诗句。借助《池上》这幅图片用"谁在什么地方怎么样地干什么"的句式说一说。借助《小池》这幅图片用"池边有（什么），有（什么），还有（什么），小池真（怎么样）"的句式说一说 |

续表

| 年级 | 学期 | 单元 | 小练笔 | 口语交际 | 单元综合训练 |
|---|---|---|---|---|---|
| 一 | 下 | 七 | 主题：学习伙伴<br>题目：我的文具盒——实物介绍<br>你的文具盒里都有哪些文具呢？仔细观察你的文具盒外观，再打开数一数你的文具，用"我有一个（什么样的）文具盒，（它是怎么来的）。打开文具盒里面有（数量词）（什么），（数量词）（什么）和（数量词）（什么），我很喜欢我的文具盒"这样的句式造句 | 主题：好习惯<br>题目：看图一起做游戏<br>你想不想和同学分享自己喜欢的游戏呢？请你准备一个游戏的图片（P97），一边介绍一边示范，把游戏规则说清楚。然后热情地邀请小伙伴一起来做游戏。介绍游戏时你可以这样说：我这个游戏的名字叫____，游戏的规则是____，希望小伙伴们能和我一样喜欢这个游戏，我们一起来玩吧 | 主题：好习惯<br>题目：我是高效小超人——图解时间管理<br>想一想平时的你回到家中是怎么安排学习的，画一张学习时间表，借助自己的学习时间表按顺序用"回到家中，我先（干什么），然后（干什么），最后（干什么），（结果怎么样），我明白了（什么道理）"的句式说一说 |
| | | 八 | 主题：我的发现<br>题目：照片中的植物<br>你有见过与众不同的植物吗？拍一张你觉得在外形或习性上与众不同的植物，用"我要介绍的植物叫（什么），它有（怎么样的）（什么），有（怎么样的）（什么），还有（怎么样的）（什么）。每到（怎么样的）（时候），它就会（怎么样），我很喜欢它"的句式说一说，写好两方面的两段话 | 主题：我的发现<br>题目：图画解密大自然<br>大自然是神秘的，相信小朋友对大自然充满了好奇。恐龙是怎么灭绝的？鸟类的翅膀是怎么进化来的？请你搜集一篇有关大自然的文章，可以是写动物的，也可以是写植物的。借助图画（学生搜集）和资料，把你了解到的知识说给同学听，与同学分享你的收获。同时，你可以对你觉得有疑问的地方向同学提问，比比谁的收获最多。听的同学记住主要内容，可以提问 | 主题：我的发现<br>题目：看图说公鸡<br>朗读古诗《画鸡》（P114），借助图片，模仿公鸡的叫声，想一想此时公鸡的叫声有什么意思呢？用"公鸡有（怎么样的）（什么），有（怎么样的）（什么），每到（时候），公鸡就会（怎么样地）（做什么）"的句式说一说古诗文的内容 |

续表

| 年级 | 学期 | 单元 | 小练笔 | 口语交际 | 单元综合训练 |
|---|---|---|---|---|---|
| 二 | 上 | 一 | 主题：图画故事<br>题目：看图讲故事<br>小朋友，小蝌蚪在找妈妈的过程中，它的身体在不断地变化。请你看看这五幅图画（P4），仔细观察，按照小蝌蚪变化的顺序讲一讲小蝌蚪找妈妈的故事 | 主题：我的发现<br>题目：看图说说我喜欢的动物<br>鹦鹉会学人说话，萤火虫能发出亮光，松鼠的尾巴好像降落伞……动物多有趣！找一找你喜欢的动物的图片和资料，和同学交流：你喜欢哪种动物？它有趣在哪儿？其他同学认真听，等说的同学说完后可以补充或提问，再评一评。<br>小贴士：选一种动物（鹦鹉、萤火虫、松鼠），先想好要讲的内容，再说给同学听。说的时候注意吐字清楚，并运用积累的词汇 | 主题：童话故事<br>题目：看绘本封面猜故事<br>小朋友，喜欢小动物吗？看看这些书的封面，猜一猜故事中的小动物们发生了什么事情？它们有什么样的奇遇？再打开故事书，找同学一起读一读，看看猜对了没有。读完书，记得把书收好，不要把书弄脏。<br>（1）选一本故事书，先想好要讲的内容，再说给同学听。<br>（2）大胆猜一猜小动物们有什么特别的故事。<br>（3）其他同学认真听，也可以跟着猜一猜，看你猜的跟同学有什么相同和不相同的地方。<br>（4）阅读过程中注意保护好图书 |
| | | 二 | 主题：图画故事<br>题目：看图照样子说话<br>选一张你喜欢的照片或图画，仿照第1课《场景歌》的写法，说说上面有什么。用下面这样的表达形式练习说话："数量词+表示一样事物的词语"<br>1.选一张照片或图画说一说，想好用什么样的数量词。<br>2.说的时候注意运用积累的词语 | 主题：快乐生活<br>题目：看图分享"我"的暑假<br>我们上小学后的第一个暑假刚刚过去，你有什么事想告诉大家吗？你想知道同学们经历的事吗？请你搜集你暑假的照片或制作一张暑假生活小报，分成小组，互相说一说，一起分享暑假生活。其他同学认真听，等发言的同学说完后可以补充或提问 | 主题：走进大自然<br>题目：绘画妙语赞秋色<br>秋天是多彩的季节，丰收的季节，请你到大自然去观察吧，把你观察到的美丽景色画一画，然后为你的画写一两句诗或话。注意句子完整，正确使用逗号、句号 |

续表

| 年级 | 学期 | 单元 | 小练笔 | 口语交际 | 单元综合训练 |
|---|---|---|---|---|---|
| 二 | 上 | 二 | — | 1.选一件事一说，想好先说什么，再说什么，有顺序地说。<br>2.说的时候注意运用积累的词汇或诗句 | — |
| | | 三 | 主题：儿童生活<br>题目：说说我喜欢的玩具<br>每个人都有自己喜欢的玩具，你最喜欢的玩具是什么？给同学们出个谜语猜一猜吧。再把玩具拍个照片，跟同学说一说：它是什么样子的？它好玩在哪里？交流完，再写下来。注意要在方格纸上写，段首空两格，正确使用标点，标点占一格 | 主题：儿童生活<br>题目：说说我的手工小制作<br>同学们一定收藏了许多手工作品，如小泥人、折纸画等，给它们录个小视频吧，让其他同学也学着做一做。带一件手工作品到学校，告诉同学你做的是什么，是怎么做的。其他同学认真听，记住主要信息。<br>1.选一件手工作品说一说，想好先说什么，再说什么，有顺序地说。<br>2.说的时候注意运用积累的词汇 | 主题：儿童生活<br>题目：看视频说写做事的过程<br>看看课文的插图（P29），再读读课文的第4自然段，用上"先……再……接着……然后……"的句式，说一说曹冲是怎么称象的。<br>拍一段自己扫地、擦桌子或洗碗的视频，讲一讲这个过程，并试着写一写 |
| | | 四 | 主题：诗画想象<br>题目：想画面，讲古诗<br>读诗句"白日依山尽，黄河入海流""飞流直下三千尺，疑是银河落九天"，想一想你仿佛看到了什么？想到了什么？用自己的话说一说，写一写你想到的情景 | 主题：生活故事<br>题目：我是小导游——一图在手，跟我游校园<br>同学们已经升入二年级了。经过一年的学校生活，你们一定非常熟悉自己的学校。如果请你当个小导游，向一年级的新同学介绍可爱的学校，你会怎么介绍呢？看看学校的图片，自己做做准备，在小组内互换角色，轮流当小导 | 主题：生活故事<br>题目：画家乡，赞家乡<br>小朋友，每个人都有自己的家乡。涛涛的家乡在海边，山山的家乡在山里，平平的家乡在平原，青青的家乡在草原，京京的家乡在城市，你的家乡在哪里呢？试着画画自己的家乡，用上积累和学过的词语写一写家乡的美景 |

续表

| 年级 | 学期 | 单元 | 小练笔 | 口语交际 | 单元综合训练 |
|---|---|---|---|---|---|
| 二 | 上 | 四 | — | 游,介绍学校,看看谁介绍得有意思。其他同学认真听,等介绍的同学说完后可以补充或提问 | — |
| | | 五 | 主题:成长故事<br>题目:借助图示写留言条<br>生活中,我们有时用电话跟别人沟通,有时还需要用留言条。从下面选择一种情况,写一张留言条。<br>1.去办公室还书,老师不在。<br>2.去小芳家里,通知她明早九点到学校参加书法小组的活动,但是她家里没有人。<br>小贴士:<br>选择一种情况,先写是留给谁的,再写有什么事,最后写自己的名字和时间。<br>注意:<br>称呼顶格写,内容另起一行,开头空两格。最后自己的名字和时间各占一行,记得最后一个字顶着右边的格写 | 主题:成长故事<br>题目:想情境,说想法<br>遇到下面的情况,你会怎样跟别人商量呢?选择一个场景和同桌说一说。<br>1.向同学借的书没有看完,想再多借几天。<br>2.最爱看的电视节目就要开始了,但爸爸正在看足球比赛。<br>同桌认真倾听,评一评他能得几颗星。用商量的口气有礼貌地把自己的想法说清楚 | 主题:成长故事<br>题目:绘美丽风景,写多彩世界<br>学完《坐井观天》这一课,小朋友觉得青蛙跳出井口会看到什么景象?请你画一画外面的景象,跟小青蛙说一说外面的世界是什么样子的,并试写一写,记得加上标点 |

续表

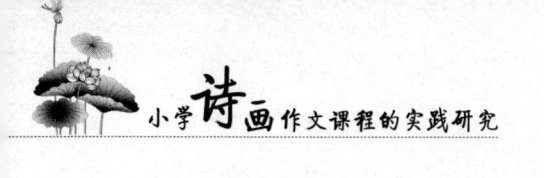

| 年级 | 学期 | 单元 | 小练笔 | 口语交际 | 单元综合训练 |
|---|---|---|---|---|---|
| 二 | 上 | 六 | 主题：图画故事<br>题目：看插图说人物的样子<br>仔细观察第17课《难忘的泼水节》中的插图，从课文中找出描写周总理样子的句子读一读。再看着插图，用自己的话说说周总理的样子 | 主题：听讲故事<br>题目：漫画故事我来讲<br>仔细看漫画——《父与子》，先了解每幅图的内容，再把这些图画的内容连起来，讲一讲这个故事。想一想，这个故事接下来会怎么样？请你画一画，再说一说。其他同学评一评；看谁把故事讲得清楚、具体。<br>1.说一说图上有谁，他们在干什么，发生了什么事，最后怎么样了。注意把故事情节说完整。<br>2.想象一下他们之间会说什么。试着把他们的对话说出来 | 主题：奇思妙想<br>题目：读绘本，编故事<br>小朋友，每个人都有头发，你们想象过头发变得特别长的样子吗？请认真读一读这本绘本故事《小真的长头发》，你觉得小真的头发怎么样，神奇吗？你觉得小真的头发还可以做什么？大胆一想，再画一画，用"要是……就能……"的句式写写小真长辫子的用处。最后给故事加个结尾。<br>注意：<br>书写认真，标点正确 |
| | | 七 | 主题：诗画想象<br>题目：看插图，想画面，讲古诗<br>看第18课《古诗二首》的插图，再读诗句"危楼高百尺，手可摘星辰""天苍苍，野茫茫，风吹草低见牛羊"，想一想画面，然后用自己的话说一说你想到的情景，并试着用自己的话写一写这想象中的情景 | 主题：听讲故事<br>题目：看图画，讲故事<br>到现在，我们学了不少小故事，以前我们在课文里或课外读物中也读到过很多故事，可以借助老师提供的图画或自己搜集图画，准备一个故事，先认真读一读，记住主要人物、经过和结果，然后在故事会上给大家讲一讲，讲清经过和结果 | 主题：奇思妙想<br>题目：看图编写故事<br>小朋友，你们看过《猫和老鼠》这部动画片吗？猫和老鼠之间有很多有趣的故事。你们看，它们又来了。电脑屏幕上突然出现了谁？接下来会怎样？先想一想，说一说，再把你想到的写下来 |

续表

| 年级 | 学期 | 单元 | 小练笔 | 口语交际 | 单元综合训练 |
|---|---|---|---|---|---|
| 二 | 上 | 八 | 主题：图画故事<br>题目：画风筝，写卡片<br>《纸船和风筝》这篇课文里的小熊也想写一张卡片，挂在风筝上送给松鼠，可是他不会写字，你能替小熊写一张卡片给松鼠吗？请你先画一个风筝，然后把内容写在风筝卡片上。<br>注意：<br>以小熊的身份写给松鼠；正确使用逗号、句号 | 主题：相处<br>题目：看图讲故事<br>学习了《狐假虎威》这篇课文，你一定知道了狐假虎威这个成语故事的意思，能跟同学们分享一下吗？可以看着图来分享，讲清经过和结果。听的同学有不明白的地方，可以等别人讲完了再提问，评一评谁的故事讲得好 | 主题：相处<br>题目：庆春节，画卡片，送祝福<br>春节是我国的传统节日。每逢春节，人们会在红纸上写对联贴在门上，寄托对未来美好生活的向往。春节是喜庆的日子，不同地区、民族的人们过春节的习俗是不一样的。你是怎么过春节的？春节有什么好看的，好吃的，好玩的？可以用口头、图文、唱歌等方式表达你的所见所闻，与大家分享你的快乐。请把你的作品带到学校来，展示给大家。大家互相评一评，看谁分享得有意思。最后制作一张节日卡片，写上几句祝福的话，送给喜欢的人 |
| | 下 | 一 | 主题：你看，风儿有巧手<br>题目：用风"剪"景<br>朗读本单元的两首古诗，借助插图，想象巧手的春风会"剪"怎样的美景？画出自己心中的春天，积累描写春风的短句，把短句串成诗，完成诗配画 | 主题：说话妙招<br>题目：看图解决问题，注意说话的语气<br>根据提供的图片，和同桌讨论一下发生了什么事情。遇到这样的情景，该怎样向对方表达自己的想法？用怎样的语气说呢？同桌一起演一演，评一评。同桌是否做到了以下两点：说话的语气不生硬；不使用命令的语气 | 主题：春天的惊喜<br>题目：看图想象，写一封信<br>小朋友，有时生活给我们的惊喜，我们希望和别人分享。课文《开满鲜花的小路》中的长颈鹿大叔给鼹鼠先生寄来了一个包裹，虽然一开始里面的东西不见了，可是春天来了，包裹里漏下的花籽给鼹鼠先生身边的朋友带来了很大的惊喜 |

63

续表

| 年级 | 学期 | 单元 | 小练笔 | 口语交际 | 单元综合训练 |
|---|---|---|---|---|---|
| 二 | 下 | 一 | — | — | 鼹鼠先生特别想写一封信感谢长颈鹿大叔，你能帮帮鼹鼠先生吗？请你看看插图，想象美丽的鲜花带给大家的喜悦，再写信告诉长颈鹿大叔。他一定也会收到一个大大的惊喜！<br>注意：<br>书信的格式已经给你，你可以借用书中描写春天的语句，直接写内容。正确运用标点符号 |
|  |  | 二 | 主题：你瞧，风儿是朋友<br>题目：风是个____的朋友<br>读作家叶圣陶的现代诗《风》，参考P26表格画思维导图，想想生活中什么时候会遇到风？放风筝时？吹泡泡时？它给你带来什么感受？选印象最深的一次，以《风是个____的朋友》为题，写一小节诗。能学着P25字词句运用，写出"好像……"这样的句子就更棒了。小组合作，把所有人写的诗串成一首诗，一起朗读 | 主题：珍惜劳动成果<br>题目：看图介绍千人衣的制作过程<br>学了课文《千人糕》，我们知道千人糕是经过很多人的劳动做成的。我们穿的衣服也经过了很多人的劳动。学着教材第19、20页的插图，也和同桌一起画一画千人衣要经过哪些人的劳动，边画边介绍这些人付出了哪些劳动，听的同学可以提问和补充 | 主题：童年伙伴<br>题目：画画、写写我的好朋友<br>你的好朋友是谁？画一画他（她）的样子，然后写上几句话向大家介绍一下：他（她）是谁？长什么样子？你们经常一起做什么？<br>注意：<br>写完后要读一读，不加字、不漏字、不写错字，正确使用标点符号 |

第二章 小学诗画作文课程图谱的建构

续表

| 年级 | 学期 | 单元 | 小练笔 | 口语交际 | 单元综合训练 |
|---|---|---|---|---|---|
| 二 | 下 | 三 | 主题：你猜，风字从哪来<br>题目：我心目中的风<br>同学们，你们知道"风"这个字的由来吗？请同学们看一看这个小视频，了解"风"字的来源。看完后，画一画"风"的象形字，用一两句话说说你对它的理解 | 主题：职业规划<br>题目：未来的职业自画像<br>同学们，这里有四种职业的图画，仔细看看，它们分别代表了什么职业？你长大以后想做什么？给自己的未来画幅职业自画像吧，然后向同桌说说自己选择这一职业的理由。听的同学对感兴趣的内容多问一问 | 主题：传统节日<br>题目：我最喜欢的传统节日<br>读读儿歌《传统节日》，再看看关于传统节日的图片，联系自己的生活，写一写你最喜欢的传统节日。写的过程中要注意：这个节日叫什么？这个节日在什么时候？在这个节日里做了些什么？<br>注意：<br>语句通顺，书写认真，标点正确 |
| | | 四 | 主题：你来，随风找四季<br>题目：写春天<br>你发现这首诗里写了什么景物吗？用彩色铅笔画一画你眼中不同季节的景物，仿照这首诗，用"风"来开头，写一节与四季有关的诗，写你最喜欢的季节。可以用《语文园地四》写话中的时间顺序写 | 主题：奇思妙想<br>题目：彩色的梦<br>学了儿童诗《彩色的梦》，我们知道这是小作者用彩色铅笔画的画。现在，拿出你的彩色铅笔，画一画属于你的彩色的梦。画完以后，仿照课文第2或第3小节，把画的内容用几句话说给同桌听一听。<br>听的同学评一评，是不是运用了第2或第3小节的句式，有没有好的修改建议 | 主题：奇思妙想<br>题目：小虫子、小蚂蚁和小蝴蝶的一天<br>同学们，你们喜欢小动物吗？仔细看看这些图画，按照图画顺序观察，想象小虫子、小蚂蚁和小蝴蝶用蛋壳做了哪些事情？用表示时间的词语说一说这个故事，然后有条理地写下来。<br>注意：<br>语句通顺，书写认真，标点正确 |

65

续表

| 年级 | 学期 | 单元 | 小练笔 | 口语交际 | 单元综合训练 |
|---|---|---|---|---|---|
| 二 | 下 | 五 | 主题：你看，风儿怎么办<br>题目：风儿怎么办<br>读一读寓言故事《北风和太阳》，看图片（乌云密布，电闪雷鸣，眼看小女孩就要淋雨了），北风又提出和太阳比试本领，想一想它们会有怎样的对话呢？把你想到的写下来，注意用正确的标点。写完以后，和好朋友一起分角色读一读，记住读出不同人物的语气 | 主题：办法<br>题目：看图讲故事《小马过河》<br>《小马过河》的故事学完了，请看看图片，试着用下面的这些词语，向同桌讲讲这个故事。听的同学评一评：故事是不是讲得完整、流畅，人物的语音和语气是不是恰当 | 主题：办法<br>题目：看图思考写公约<br>同学们，看这两幅图片，我们班里的图书角在图书管理员的整理下变得整齐，可是平时很乱，图书管理员已经累得苦不堪言，有些小朋友放在图书角共享的图书还经常被撕破甚至弄丢。你有什么好办法来改变这种状况吗 |
|   |   | 六 | 主题：你听，风儿有力量<br>题目：风<br>读李峤的诗《风》，借助图片说说诗中分别写了什么样的风？你见过什么样的风？微风，阵风，狂风，还是台风？当时是怎样的情景？选其中一种用三四句话写出来 | 主题：古诗意象<br>题目：说画面，猜诗句<br>学完《晓出净慈寺送林子方》和《绝句》中的诗句，你的脑海中出现了怎样的画面？请说一说你看到的画面，让同桌猜一猜对应的诗句。如果他（她）猜不出来，你要继续说画面的内容，直到同桌出来为止 | 主题：奇思妙想<br>题目：看图写疑问<br>小朋友，你的小脑袋瓜里是不是经常有各种各样的问题？今天这个小朋友有许多的问题，读一读这些问题，想一想这些问题是他从哪些角度提的。然后看看图片，针对图片内容，把你对大自然的疑问写下来 |

续表

| 年级 | 学期 | 单元 | 小练笔 | 口语交际 | 单元综合训练 |
|---|---|---|---|---|---|
| 二 | 下 | 七 | 主题：你听，风儿在歌唱<br>题目：有个性的风<br>读苏轼《六月二十七日望湖楼醉书》、朱熹《元日》、岑参《白雪歌送武判官归京》中描写风的诗句，借助注释，联系诗句，理解意思，想象画面，选其中一句画一画，并用自己的话来写一写你的感受。要注意，不同时节的风有不同的特点 | 主题：童年故事<br>题目：看图续编故事《蜘蛛开店》<br>同学们，这是《蜘蛛开店》一课的示意图，蜘蛛很无聊，决定开一家编织店：卖口罩，遇到了大嘴巴的河马；卖围巾，遇到了脖子和大树一样高的长颈鹿；卖袜子，遇到了长有四十二只脚的蜈蚣。接下来蜘蛛还会开什么店？又会迎来怎样的顾客？请展开想象，模仿课文讲给同桌听 | 主题：成长故事<br>题目：画画写写小动物<br>同学们，你喜欢什么小动物？你想养小动物吗？请你先在纸上画一画想养的小动物，然后说一说为什么想养这个小动物，最后把你说的写下来。<br>注意：<br>要把想养小动物的理由写清楚；语句通顺，书写认真，标点正确 |
| | | 八 | 主题：你编，风儿有故事<br>题目：写故事<br>选择《语文园地八》字词句运用第一题的一组词语，借助图片提示，写一个故事开头。仿照第二题中"最后一个太阳害怕极了，慌慌张张地躲进了大海里"这句话，写写故事主人公的表现，别忘了给故事加个结局 | 主题：童年故事<br>题目：看图推荐一部动画片<br>同学们看过很多动画片，哪一部给你留下的印象最深？给大家推荐一下吧。先说一说你推荐的动画片是什么，再说说为什么要推荐这部动画片？最后讲讲最吸引你的人物或故事片段。讲的时候要注意语速，让别人听清楚；听的同学要认真听，了解别人讲的内容 | 主题：奇思妙想<br>题目：写写小诗《当世界年纪还小的时候》<br>同学们，当世界年纪还小的时候，每样东西都必须学习怎么生活。太阳学会了发光，它每天上山下山；月亮学会了不断变化，它反反复复，变圆又变缺……还有谁学会了什么本领？它是怎么做的？请你发挥想象画一画世界之初的样子，仿照句式写一写，至少写三种事物，这样就成一首小诗了 |

注：以上图谱由乔卫丽、刘美、时文华、吴敏、邵玉茹、朱冬蕾、付惠编注。

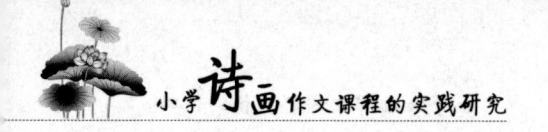

## 三、四年级诗画作文课程图谱（表2-11）

表2-11　三、四年级诗画作文课程图谱

| 年级 | 学期 | 单元 | 小练笔 | 口语交际 | 单元综合训练 |
|---|---|---|---|---|---|
| 三 | 上 | 一 | 主题：校园生活<br>题目：雨中狂欢会<br>你知道吗？花儿也有学校，他们也会"关了门做功课"，雨来了便会"放假"。想象一下，阵雨刚下时，花儿会从哪些地方跑出来？他们在绿草上跳舞、狂欢时会有什么表情、动作、声音？这一场花的狂欢会将是怎样的场面呢？请你联系自己的学习生活，发挥想象，模仿诗歌语言，写一个片段 | 主题：暑假生活<br>题目：暑假新鲜事<br>暑假你是怎么度过的？经历了哪些新鲜事？和大家分享一下吧！交流的时候，要选择别人感兴趣的内容讲，可以借助相关的图片或实物把自己的经历讲清楚。小组同学认真倾听并做出恰当的回应 | 主题：校园生活<br>题目：猜猜他是谁<br>班级里哪位同学让你印象最深刻？他有哪些特别的地方？请选择一位你最想介绍的同学，选择这个同学给你留下深刻印象的一两点，如外貌、性格、品质、爱好等，写几段内容较具体的片段。文中不要出现他（她）的名字 |
| | | 二 | 主题：秋日美景<br>题目：诗意的秋天<br>这三首诗写的是哪个季节的景色？你是从哪些地方发现的？哪首诗给你留下的印象最深刻？请你选择其中一首诗，发挥想象，写一写你最喜欢的一个画面，也可以描绘整首诗的画面。<br>要求：想象合理，语句通顺，标点正确。字数不少于50字 | 主题：猜测与推想<br>题目：名字里的秘密<br>每个人都有名字。你知道自己的名字有什么含义吗？你的名字里也许饱含着长辈们对你的期待，说不定还藏着一个故事呢！前期我们借助调查表探索了自己、家人还有名人名字里的故事，你们都了解到了哪些新鲜事呢？一起来交流吧！既要清楚地表达自己的看法，还要做一个合格的倾听者 | 主题：美丽童年<br>题目：写日记<br>同学们，你们每一天的生活是不是都不相同呢？与小伙伴做游戏很快乐，与家人、朋友一起过生日很难忘，同学之间的故事很有趣……赶紧拿起笔，把一天中的所见、所闻、所做、所感有选择地记录下来吧，还可以为日记配上一幅图画！它将成为你美好的回忆 |

续表

| 年级 | 学期 | 单元 | 小练笔 | 口语交际 | 单元综合训练 |
|---|---|---|---|---|---|
| 三 | 上 | 三 | 主题：美丽童话<br>题目：一颗种子的一生<br>一颗种子落到阳台的木地板上，它经过了怎样的历程？在每个阶段，它的心理活动又是怎样的？它有着怎样的生活态度呢？试想，如果你也成了一颗种子，你的身上又会发生怎样的故事呢？请你模仿课文，写一写你的人生故事。<br>要求：想象合理，语句通顺，标点正确。字数不少于50字 | 主题：留心观察说想法<br>题目："小事"并不小<br>我们的身边每天都在发生各种各样的"小事"，每件事都以不同的方式影响着我们的生活。观察书上的插图，你的身边有哪些类似这样的"小事"？和小组同学交流你发现的令人感到温暖的行为，或是不文明的行为，再谈谈你对这些行为的看法。回家向家人描述身边某件"小事"，说清楚自己的看法，尝试制作小报张贴在班级学习园地里交流 | 主题：美丽童话<br>题目：我来编童话<br>同学们都读过童话故事吧？都有自己喜欢的童话故事和人物吧？今天，我们自己做一回童话大师，编一编童话故事吧！请根据所给的词语，大胆合理地发挥想象，编写一个完整的童话故事，并给故事配上插图。完成习作后与小组同学交流分享，尝试修改习作 |
|   |   | 四 | 主题：猜测与推想<br>题目：多功能的长胡子<br>胡萝卜先生的长胡子沾到了果酱，一点儿一点儿地变长。小男孩的风筝线太短了，于是他剪短了一段。鸟太太正在找绳子晾小鸟的尿布，胡萝卜先生的长胡子刚好在风里飘动着……接下来会发生怎样的故事呢？走着走着，胡萝卜先生还会遇到谁呢？请你发挥想象，把这个故事编下去吧！<br>要求：想象合理，语句通顺，标点正确。字数不少于50字 | 主题：智慧请教<br>题目：我会请教<br>有时候，我们会遇到一些不好解决的问题，不知道该怎么办。这时候，向别人请教是个好办法。那么，向别人请教时应该注意些什么？你真的会请教吗？把你学习生活中遇到的真实问题提出来，向同学请教，听听他们有什么好建议 | 主题：猜测与推想<br>题目：续写故事<br>同学们，我们学习了本单元的课文，知道了可以一边读一边预测，顺着故事情节去猜想。今天，我们也来根据插图和文字提示，续写一篇故事。仔细观察图画，读读文字，想一想：接下来可能会发生什么？把故事写完 |

续表

| 年级 | 学期 | 单元 | 小练笔 | 口语交际 | 单元综合训练 |
|---|---|---|---|---|---|
| 三 | 上 | 五 | 主题：留心观察发现美<br>题目：我的"火眼金睛"<br>你见过时而金色时而绿色的草地吗？为什么这片草地的颜色会在一天之内反复变化呢？只要我们稍加留意，就会发现事物是变化着的。例如，向日葵会随着太阳转动，含羞草被触碰后会"害羞"地低下头……你留意过哪些事物的变化？和同学交流一下。请借助观察记录单，认真记录观察到的景象以及自己的思考，写成一篇有趣的观察日记。<br>要求：内容清楚，语句通顺，标点正确。字数不少于50字 | 主题：保护环境<br>题目：绿色的梦<br>高科技使我们的生活越来越方便，而环境的恶化正破坏着我们的家园。我们能为环保做些什么？你已经为环保做过哪些事呢？做过花坛清洁小卫士？还是环保知识宣传员？一起来交流吧！请你选一件你做过的最自豪的关于环保的事进行分享，并以图文并茂的形式制成海报进行交流 | 主题：世界万花筒<br>题目：我们眼中的缤纷世界<br>世界像个万花筒，是五彩缤纷的。这段时间我们观察了不少身边的事物，大家一定有了新发现。就让我们把眼中的缤纷世界描绘下来与大家分享吧 |
| | | 六 | 主题：热爱祖国<br>题目：最爱家乡美<br>你的家乡在哪里？家乡哪个季节最美？最美的季节里有哪些景物特别吸引人？这些景物是什么样的？请你用本课积累的语句围绕一个中心去描述家乡的美景。<br>要求：试着围绕一个意思写，内容清楚，语句通顺，标点正确。字数不少于50字 | 主题：留心观察发现美<br>题目：小动物真有趣<br>你喜欢小动物吗？它们有着怎样的生活习性？在小动物身上，有没有发生过令你印象深刻的有趣故事呢？前期我们借助观察表进行了探索，一起来交流分享吧！我们还可以尝试以图文并茂的形式绘制一份动物小报，在班级园地中进行展示 | 主题：美丽世界<br>题目：这儿真美<br>花园、果园、田野、小河……我们周围有许多美丽的地方，你发现了吗？你眼中的哪个地方最美呢？快快拿起笔，把它画下来，并写出来吧 |

70

续表

| 年级 | 学期 | 单元 | 小练笔 | 口语交际 | 单元综合训练 |
|---|---|---|---|---|---|
| 三 | 上 | 七 | 主题：大自然的礼物<br>题目：美妙的声音<br>你听到过哪些"美妙的声音"？在哪里听到的？是轻轻柔柔的呢喃细语，还是轻快悠扬的小曲，抑或是热闹的音乐会？"美妙的声音"有什么特点？它给你带来了怎样的感受？请你围绕听到过的"美妙的声音"写一个片段。可以参考课后习题的示例："鸟儿是大自然的歌手……""厨房是一个音乐厅……"，也可以写自己探寻捕捉到的"美妙的声音"。<br>要求：内容清楚，语句通顺，标点正确。字数不少于50字 | 主题：成功的背后<br>题目：成功秘诀<br>你认为成功最重要的条件是什么？有人说靠天生聪明，有人说靠勤奋学习，也有人说靠家人、老师的帮助……你是怎么想的？前期同学们都收集了相关资料，做好了充分的准备，今天我们在小组里开一个辩论会吧！注意，辩论的过程中要说清楚自己的观点和理由。他人发言的时候请尊重对方，认真倾听，不随意打断，注意交际礼仪 | 主题：留心生活，积极表达<br>题目：我有一个想法<br>生活中的手机控、学习上的小马虎、班级里的植物角……生活中、学习中或工作中有很多需要改进的问题。如果我们积极表达自己的想法，提出改进建议和解决办法，就能使世界更美好。写一写哪些现象或问题引起了你的关注，你有什么改进的办法或建议 |
|  |  | 八 | 主题：美好品质<br>题目：小小人儿本领大<br>你听过司马光砸缸的故事吗？讲述同样的故事，这篇课文的语言和其他课文有什么不同？你能把这篇课文里的故事用自己的话说出来吗？如果能按照顺序将故事的起因、经过和结果说清楚，说完整，再写下来，就更了不起了。一起来试试看吧！<br>要求：内容清楚，语句通顺，标点正确。字数不少于50字 | 主题：生活智慧<br>题目：做一个聪明人<br>本单元我们学习了好几个充满智慧的故事，里面的主人公个个都令我们佩服。生活中，善于发现的你也一定遇到过聪明人吧！在你看来，什么样的人是聪明人？你认为聪明人身上有哪些品质？如何能成为一个聪明人？请你来说说你的看法 | 主题：美丽童年<br>题目：那次玩得真高兴<br>你平时喜欢玩什么？哪次玩得特别开心、印象特别深刻？选择一次经历，回忆一下，你当时是怎么玩的？把玩的过程像放电影一样在脑海里回想一遍，然后写下来。写好以后读一读，看看你写的内容有没有表达出当时快乐的心情 |

续表

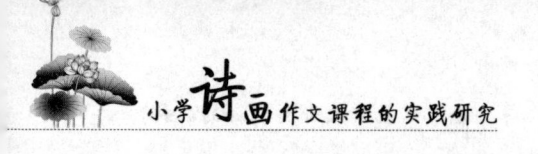

| 年级 | 学期 | 单元 | 小练笔 | 口语交际 | 单元综合训练 |
|---|---|---|---|---|---|
| 三 | 下 | 一 | 主题：植物世界<br>题目：观察一种植物<br>仔细观察一种你喜欢的植物，仿照第三课《荷花》第2自然段的写法，运用排比的修辞手法，合理想象，写出植物的不同样子，展现它的美。字数不少于50字。 | 主题：走进大自然<br>题目：春游去哪儿玩<br>春天里，好玩的地方可多了，你想去哪儿春游呢？请你选一个地方（结合图片或者照片），说说这个地方有什么好玩的，可以开展哪些活动。<br>要求：<br>1.能够清楚表达自己的想法，说清推荐的理由。<br>2.能尊重别人，会耐心认真倾听别人的发言并做出相应的回应 | 主题：可爱的生灵<br>题目：我的植物朋友<br>孩子们，春天到了，到处都生机勃勃。迫不及待奔向大地母亲怀抱的你，认真观察过植物吗？请选择一种植物，走近它，了解它，和它交朋友吧。可以"我的植物朋友"为题，也可自拟题目，写一篇作文，向大家介绍你的植物朋友，字数不少于200字 |
|  |  | 二 | 主题：看图想象<br>题目：创编寓言<br>仔细看图，能仿照伊索寓言，合理想象，学着编写一则寓言故事吗？试一试，你准行！题目自拟。字数不少于50字。（教师展示相关资料） | 主题：校园生活<br>题目：该不该实行干部轮流制<br>视频："新学期刚开始，刘杰浩所在的三2班采用班干部轮流任职的制度。原来的班长李伟这学期被陈佳代替了，原来的学习委员、卫生委员、文体委员都换人了。"有人认为这样很好，有人认为这样不太好。请你围绕《该不该实行班干部轮流制》发表自己的看法，并针对这一问题开展讨论 | 主题：寓言故事<br>题目：看图写故事<br>请你写一段话，把图画的内容介绍给大家 |

续表

| 年级 | 学期 | 单元 | 小练笔 | 口语交际 | 单元综合训练 |
|---|---|---|---|---|---|
| 三 | 下 | 二 | — | 要求：<br>1.能根据模拟情景，积极参与讨论，能表明自己的观点，并说清楚理由。<br>2.能一边听一边思考，想想别人讲的是否有道理 | — |
| | | 三 | 主题：传统文化<br>题目：我最喜欢的传统佳节<br>小朋友，中国的传统佳节有很多，你又知道多少呢？你最喜欢哪一个传统佳节呢？那一天，你是怎么过的呢？做了些什么？请你回想一下，写之前，可以通过多种渠道搜集一些相关的资料，围绕一个中心，把你最喜欢的一个传统佳节写清楚。题目可自拟，也可为你的文章添加一些配图。字数不少于50字 | 主题：传统节日<br>题目：我喜欢的中华传统节日<br>以小组为单位，选一个感兴趣的传统节日，收集关于这个节日的风俗、节日中开展的活动，先在小组内说说自己家过节的过程或者节日中发生的印象深刻的故事，并制作一份综合学习小报，张贴在班级园地中进行交流 | 主题：中华传统<br>题目：我最喜爱的（传统节日）<br>在我国的传统节日里，你最喜欢哪一个？在收集资料，展示各自在家过节的照片基础上，请你选择一个传统节日，写一篇习作，可以写写自己家过节的过程，也可以写节日中发生的印象深刻的故事 |
| | | 四 | 主题：宠物乐园<br>题目：我的小宠物<br>仔细观察你所养的一种小宠物，它在什么时候最有趣呢？是你喂食时，还是它睡懒觉时，抑或是它自己在玩耍的时候呢……请你仔细观察这一过程，并模仿课文15《小虾》的第3自然段，按照先概括后具体的写法把它最有趣的一项活动写清楚，写具体。字数不少于50字 | 主题：走进大自然<br>题目：我喜欢的花<br>鲜花朵朵，争奇斗艳，芬芳迷人。要是我们留心观察，就会发现每一种花在开放的时候都是与众不同的，请你选择一种你喜欢的花，结合图片说说它开放时的样子 | 主题：观察与发现<br>题目：我做了一项小实验<br>同学们，你做过什么小实验呢？有什么有趣的发现呢？向大家介绍一下吧。字数不少于200字 |

73

续表

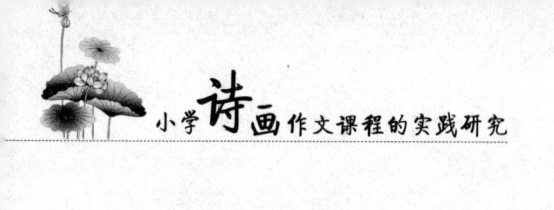

| 年级 | 学期 | 单元 | 小练笔 | 口语交际 | 单元综合训练 |
|---|---|---|---|---|---|
| 三 | 下 | 四 | — | 可以模仿借鉴课文中"用不同的句式进行表达"的方式进行仿写，附上插图，并在班级学习园地进行交流 | 提示：<br>1.写之前，我们可以借助下面的图表整理小实验的主要信息。<br>2.写的时候，可以用上"先……接着……然后……最后……"这样的句式，把做小实验的经过写清楚；还可以写写自己做实验时的心情、实验中有趣的发现等。<br>3.写完后，交换读一读，再评一评：实验过程是否写清楚了？有没有用得不合适的词语 |
| | | 五 | 主题：续编童话<br>题目：续编童话<br>要求：根据已给出的两个开头，任选一个开头，展开想象，模仿本单元童话创编的方法，创编童话。<br>夏天到了，瞌睡虫王国一片沸腾。它们纷纷飞出洞口，去寻找自己的朋友……<br>一阵大风过后，小牧童被吹到了颠倒村。他睁开眼睛，只见树枝和树叶长进土里，树根却张牙舞爪地伸向天空…… | 主题：奇思妙想<br>题目：宇宙的另一边<br>同学们，在学习《宇宙的另一边》这篇课文时，我们跟着作者展开了丰富的想象，感受到了宇宙的神秘和美丽。那么"宇宙的另一边"还有哪些秘密呢，让我们再次展开想象的翅膀。先把你的奇思妙想画下来，然后与同学交流，看看谁想得更奇妙 | 主题：想象<br>题目：奇妙的想象<br>在想象的世界里，什么都有可能发生，一切都变得那么奇妙。下面这些题目一定会激发你无穷的遐想。选一个题目，结合下面的图表，针对题目提出你的疑问，写一个想象故事，大胆想象，创造出属于自己的想象世界。写完后，可以交换习作，说说你最喜欢同学写的什么内容，什么地方需要修改。字数不少于200字 |

74

第二章　小学诗画作文课程图谱的建构

续表

| 年级 | 学期 | 单元 | 小练笔 | 口语交际 | 单元综合训练 |
|---|---|---|---|---|---|
| 三 | 下 | 六 | 主题：童年故事<br>题目：照片背后的故事<br>小朋友，我们每一个人都有自己精彩的童年。有没有这样的一张照片，它记录了你童年的回忆。快把这张照片找出来吧！先在小组内分享交流，再按照一定的顺序把照片背后的故事有条理、清楚地写出来。字数不少于50字 | 主题：童年故事<br>题目：童年的水墨画<br>读了《童年的水墨画》这组儿童诗，说说你在溪边、江上、林中分别看到了怎样的画面，选择一个地方先把它画下来，然后说给小伙伴听，能对伙伴的发言做出评价，谈谈自己的感受 | 主题：多彩的童年<br>题目：自拟<br><br>小书虫　　乐天派<br>智多星<br>热心肠　　昆虫迷<br>小问号<br>……<br><br>由上面的词语你会想到哪些？你还想到了哪些这样的词？这些词可以用来形容哪些人？观察你身边的人，请选择一个令你印象深刻的人试着写一写，注意写出其特点 |
|  |  | 七 | 主题：奇妙的世界<br>题目：奇妙的世界<br>请大家仔细观看下列视频，并从中挑选一种自然现象，模仿课文《火烧云》，从不同方面来写一写下雪、起风、打雷后的奇妙的自然景象。字数不少于50字。（教师提供刮大风、下雪时、下雪后、电闪雷鸣时的视频） | 主题：校园生活<br>题目：劝告<br>如果你遇到图中的情况，你会怎么劝他们？有同学违反交通规则，横穿马路；表哥喜欢玩电脑游戏，一玩就是一整天 | 主题：奇妙的世界<br>题目：国宝大熊猫<br>大熊猫人见人爱，是我们的国宝。许多小朋友想更多地了解大熊猫，可能有些疑问需要解答：<br>1.大熊猫是猫吗？<br>2.大熊猫生活在什么地方呢？<br>3.大熊猫为什么被视为中国的国宝？ |

续表

| 年级 | 学期 | 单元 | 小练笔 | 口语交际 | 单元综合训练 |
|---|---|---|---|---|---|
| 三 | 下 | 七 | — | — | 围绕这些问题，通过查找资料，补充下列图表中的内容，介绍一下大熊猫。写完后，自己读一读，看看需不需要补充新内容。如果有不准确的内容，试着用学过的修改符号改一改，可以跟同学交换习作，互相检查一下对大熊猫的介绍是不是准确。字数不少于200字 |
| 三 | 下 | 八 | 主题：故事新编<br>题目：《急性子裁缝和慢性子顾客》<br>请大家阅读课文《慢性子裁缝和急性子顾客》，假如裁缝是急性子，顾客是慢性子，他们之间又会发生怎样的故事呢？发挥想象，讲给同学听。请大家以录音的方式上传作文。字数不少于50字 | 主题：校园生活<br>题目：趣味故事会<br>有趣的故事大家都喜欢听，请你选一个故事，借助表格、图示记录故事的内容，在故事会上讲给大家听吧！要求讲故事的时候自然、大方；听故事的时候集中注意力 | 主题：有趣的故事<br>题目：自拟<br>同学们，一旦动物失去了原来的主要特征，或是变得与原来完全相反，如蚂蚁的个头比树还大，蜗牛健步如飞……它们的生活会有什么变化？又会发生哪些奇异的事情呢？选一种动物作为主角，大胆想象，编一个童话故事吧。题目自拟。<br>结合思维导图，先确定一种动物及它变化后的特征。构思这个动物变化后的奇特经历，并将起因、经过、结果写清楚 |

续表

| 年级 | 学期 | 单元 | 小练笔 | 口语交际 | 单元综合训练 |
|---|---|---|---|---|---|
| 四 | 上 | 一 | 主题：自然之美<br>题目：繁星<br>读课文《繁星》，想象你所看到的星空是怎样的。你想到了什么？你会和谁一起欣赏呢？在星空下又会做些什么呢？请将你想象的画面写下来。字数不少于100字 | 主题：走近大自然<br>题目：我们与环境<br>观山、看海、听雨、赏花……每个人都希望生活在美好的环境里，可是，只要大家稍稍留意就不难发现，人类的许多行为正破坏着我们的生活环境。请围绕下面的话题收集材料，跟同学交流，并制作海报或提出倡议。<br>提示：<br>1.我们身边存在哪些环境问题？<br>2.为了保护环境，我们可以做些什么？ | 主题：推荐一个好地方<br>题目：写画中景，表画中情<br>董其昌说："读万卷书，行万里路。"现代交通便利，相信你们一定去过许许多多好地方。也许它是雾凇中的雪乡，也许它是踏浪而行的碧海，也许它是满山的茶园……当你沉醉其中，你必定对美景印象深刻，那一草一木都记忆犹新，你也必定满怀不同的情感，或是赞叹，或是沉醉，或是激动……<br>请你挑选一个好地方：<br>1.画出它大概的样子。<br>2.按一定顺序介绍它的美丽。<br>3.能够边介绍边学着抒发自己徜徉其中的感悟、感情 |
| | | 二 | 主题：奇思妙想<br>题目：插上想象的翅膀<br>通过对《呼风唤雨的世纪》这一课的学习，我们知道科技给人们的生活带来了巨大的改变，那么科技还将给我们带来哪些变化呢？发挥你的想象，你会有一个怎样的发明？它是什么样子？有什么功能？会给我们的生活带来怎样的变化呢？ | 主题：奇思妙想<br>题目：蝴蝶的家<br>同学们，蝴蝶的家到底在哪里呢？请根据你收集的资料画一画下雨时，蝴蝶可能藏身的地方，并说明理由 | 主题：小小"动物园"<br>题目：全家福中写全家<br>你画过全家福吗？在你的全家福里爸爸是什么样子？妈妈又是什么样子？那些生活的烟火气像一场绚丽的魔法，可能你习以为常的正是最有趣的艺术品 |

续表

| 年级 | 学期 | 单元 | 小练笔 | 口语交际 | 单元综合训练 |
|---|---|---|---|---|---|
| 四 | 上 | 二 | 举例来给大家介绍一下吧，还可以配上插图。字数不少于100字 | — | 请你试着画一幅全家福：<br>1.尝试把家庭成员画成动物的样子。<br>2.说说自己画全家福的构思，为什么把家庭成员比喻成这样的动物。<br>3.尝试把自己的想法结合生活中的琐事写下来，看看是不是很有趣呢 |
| | | 三 | 主题：连续观察<br>题目：连续观察<br>选取一个观察对象，进行连续观察，并以图文结合的形式，把自己的观察所得记录下来。字数不少于100字 | 主题：健康成长<br>题目：爱护眼睛，保护视力<br>平时，你注意保护自己的眼睛吗？让我们开展一次活动，了解本班同学的视力情况，分析班级里同学的视力情况和原因，讨论交流如何保护视力，提出保护视力的建议，制作一份宣传海报 | 主题：观察日记<br>题目：名画中的植物<br>你见过梵高的《向日葵》吗？你瞧，它的黄色层次分明，不同的花蔓走向也不同。画家的眼睛是世界上最锐利的照相机，他们不但能仔细观察，赋予物象情感，而且能够在作品中突出特点。就让我们跟随梵高一起去观察一株向日葵吧！它是怎样向阳而开的，又是怎样在日落时垂头的？它的每一片花瓣是怎样呼吸，每一根枝叶是怎样扭曲的呢？<br>仔细对比实物向日葵和梵高笔下的向日葵，写清楚：<br>1.它们有什么共同点？<br>2.梵高所画的向日葵与真实的向日葵有何不同，想象梵高为什么这么画呢？<br>3.谈谈自己观察后的感悟，谈谈对画家梵高的看法 |

续表

| 年级 | 学期 | 单元 | 小练笔 | 口语交际 | 单元综合训练 |
|---|---|---|---|---|---|
| 四 | 上 | 四 | 主题：神话<br>题目：精卫填海<br>仔细观察《精卫填海》绘本上的插图，根据课文内容，结合注释，用自己的话讲讲《精卫填海》这个故事，发挥你的想象，并扩写这个故事 | 主题：传统文化<br>题目：嫦娥<br>请你根据唐代诗人李商隐的《嫦娥》一诗，结合插图和阅读经验展开想象，把这个神话故事写下来。<br>嫦娥<br>［唐］李商隐<br>云母屏风烛影深，<br>长河渐落晓星沉。<br>嫦娥应悔偷灵药，<br>碧海青天夜夜心。 | 主题：在神话的想象中飞翔<br>题目：卡通明星贴贴画<br>"嘭——"有一天，如果你掉入了神话的世界，你会遇到谁呢？孙悟空、哪吒、龙宫的三太子、太上老君、托塔李天王……神话中的英雄太多啦，你一定会找到心仪的伙伴，还等什么，跟着他在神话的世界里畅游一番。等美梦醒来，跟小伙伴介绍天宫的模样，蟠桃的滋味，难道不好吗？<br>尝试做一幅招贴画，把想象中与神话伙伴的游历通过招贴画的形式表现出来。<br>提示：<br>1.你们不只去一个地方哦！<br>2.要注意神话人物的性格，与原作达到统一。<br>3.把神奇写出来 |
| | | 五 | 主题：家人炒菜<br>题目：看＿＿＿烧菜<br>观察家人炒菜的过程和介绍烧菜过程的视频，试着把过程写下来。字数不少于100字 | 主题：成长故事<br>题目：一只窝囊的大老虎<br>结合课文《一只窝囊的大老虎》以及插图，说说"我"的演出是否窝囊，并试着用合适的方式开导"我"。你有过类似的经历吗？写下来和同学交流 | 主题：生活万花筒<br>题目：我的"父与子"<br>你看过《父与子》吗？里面的四格漫画生动有趣，夸张又不失趣味吧！你想不想演一演与子生活版呢？想一想，你有没有跟爸爸一起做过搞笑的事情呢？可以通过漫画的形式画一画，说不定你的画比丰子恺爷爷的更有趣呢？<br>1.先来画一幅四格漫画。<br>2.根据漫画看图写话，把故事写完整，写详细。<br>3.语言要不失幽默，能让人捧腹大笑就更棒了 |

79

续表

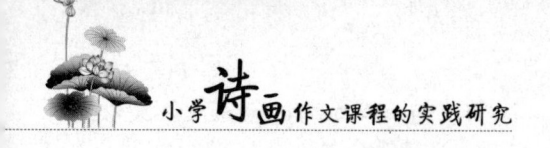

| 年级 | 学期 | 单元 | 小练笔 | 口语交际 | 单元综合训练 |
|---|---|---|---|---|---|
| 四 | 上 | 六 | 主题：成长的故事<br>题目：自拟<br>"童年啊！是梦中的真，是真中的梦，是回忆时含泪的微笑。"你的童年一定充满了喜怒哀乐，值得慢慢回忆。请自拟题目，书写自己"成长的故事"。字数不少于100字 | 主题：校园生活<br>题目：安慰<br>一个人遇到不顺心的事，往往心理会很难过。此时，如果有人安慰他一下，心情肯定会好，如果你的朋友遇到了以下情况，你会怎么安慰他呢？<br>图1：在运动会4×100米接力赛中，小峰摔倒了，他的班级在这个项目上没有取得名次。<br>图2：小丽的家要搬到另外一个城市，她马上就要离开自己的好朋友了。<br>图3：出去玩的时候，小冰把手表弄丢了。这块手表是妈妈送给他的生日礼物 | 主题：一次游戏<br>题目：看照片，画快乐，写快乐<br>二十四节气主题活动、六一主题活动、双蛋节、科技节、读书漂流会、田径运动会……这些丰富的校园活动在我们的记忆里串成宝贵的珍珠，一颗一颗等着我们细细摩挲呢！在这些校园活动中你一定留下了不少倩影吧，找一找班级照相簿吧，哪一张是你的最爱？当时你在参加什么活动？你的心情如何？活动的结果如何呢？尝试挑选一张珍爱的校园活动照片。<br>注意：<br>1.写清活动的时间、经过、结果。<br>2.将自己的心情变化穿插在文章中，让读者跟着你进行一场丰富有趣、刺激热烈的游戏活动吧 |
| | | 七 | 主题：家国情怀<br>题目：我心中的_____<br>读一读，想想这些词语一般用来形容哪些人，通过什么事件体现了他们的这些品质，然后从中选择一个词语，通过描写一件事来体现他的这个品质。字数不少于100字 | 主题：走近历史<br>题目：凉州词<br>根据古诗《凉州词》及课文插图想象画面，说说戍边将士出征前开怀畅饮的场景以及自己的感受 | 主题：写信<br>题目：画画我 寄给你<br>你有没有画过自画像，你画完了以后有没有尝试给别人看过呢？来，请你结合自己的经历画一幅自画像吧，画面感越强越好，可以把你心爱的宠物、尊敬的长辈、喜爱的书籍、常去的地方也融入画里。来吧，画一幅自画像，写一封信： |

续表

| 年级 | 学期 | 单元 | 小练笔 | 口语交际 | 单元综合训练 |
|---|---|---|---|---|---|
| 四 | 上 | 七 | — | — | 1.尝试运用正确的书信格式写信。<br>2.结合自画像，写清所表达的事情和感情，要尝试与寄信的对象产生联系。<br>3.贴上邮票，写好信封，让你的自画像给远方的人带去温暖与快乐吧 |
| 四 | 上 | 八 | 主题：历史传说故事<br>题目：王戎不取道旁李<br>仔细观察插图，根据课文内容，结合注释，用自己的话复述《王戎不取道旁李》的故事，发挥你的想象，并扩写这个故事。字数不少于100字 | 主题：走近历史<br>题目：讲历史人物故事<br>西门豹治邺、王戎不取道旁李，还有匡衡凿壁借光、刘备三顾茅庐……这些历史人物故事生动有趣。请你选择最喜欢的历史人物故事，以小组合作形式，绘制故事情节插图，讲讲这个故事 | 主题：我害怕、我不怕<br>题目：我把恐惧画出来<br>你有没有走过夜路呢？你有没有坐过山车？你有没有一个人待在家里？当时你的脑子里产生了什么样的景象？路边的大树成了穿裙子的巫婆？头顶的云咧着大嘴巴？窗外传来砰砰砰可疑的声音了？呼啸而过的车像巨龙一般把你紧紧绕起来了？生活为我们带来快乐、悲伤、惊喜，也带来恐惧。恐惧是必不可少的一种情绪，战胜它，我们会变得更强大。<br>挥舞画笔，画出你的恐惧，也许它一笔一笔呈现于你的笔下时，它就不那么可怕了，是吗？<br>1.根据绘画写清你恐惧的东西，并简单介绍害怕的理由。<br>2.详细描写自己害怕的心理过程，及事情发展中心理的变化。<br>3.用表现紧张的好词好句，文章就会"活"起来 |

续表

| 年级 | 学期 | 单元 | 小练笔 | 口语交际 | 单元综合训练 |
|---|---|---|---|---|---|
| 四 | 下 | 一 | 主题：农家生活<br>题目：我心中的乡村田园<br>同学们，我们学习了课文《乡下人家》，相信你一定会对作者笔下的某一幅图印象深刻，那么，你曾经欣赏过这些美景吗？你心中的乡村田园生活又是怎样的呢？让我们一起来画一画你心中的乡村田园生活并学着作者的表达手法来写一写吧，相信你笔下的生活一样非常美丽。<br>要求：字数不少于200字 | 主题：校园生活<br>题目：转述<br>生活中，有时我们需要把一些事情转述给别人，也就是俗称的"传话"，如果传错了话就有可能闹笑话，甚至挨批评。怎么把你听到的或看到内容正确地转述给别人呢？请大家根据下面给出的图片，创设一个情境，然后小组合作演一演。第一位同学看过图片后，把信息转述给第二位同学，然后第二位同学在不看图片的情况下根据听到的内容来转述。比一比，看谁的眼睛最亮、耳朵最灵 | 主题：心灵家园<br>题目：我的乐园<br>湖畔、林间、广场、校园……甚至只是一个不起眼的小角落，都让我们流连忘返，成为我们最喜爱的地方。你能把这种快乐也分享给其他人吗？那就拿起你手中的笔，把那些使你快乐的画面或情景生动地描述出来吧！<br>要求：字数不少于300字 |
| | | 二 | 主题：走近科学<br>题目：琥珀形成知多少<br>相信学了《琥珀》这篇课文，同学们一定对琥珀非常感兴趣，琥珀是怎样形成的呢？让我们也来当一当小小解说员，告诉弟弟妹妹们琥珀的形成过程吧。<br>要求：字数不少于200字 | 主题：社会生活<br>题目：小小新闻发布会（说新闻）<br>现在的通信非常发达，即使我们不出门，也能通过手机、电视等平台上的新闻了解"天下事"，在你最近了解的新闻中，选一则感兴趣的在小组内分享，要说明新闻的来源，把新闻讲清楚，不要随意 | 主题：奇思妙想<br>题目：自拟<br>生活中，我们常常会有一些奇思妙想，想发明一些神奇的东西。你想发明什么？它是什么样子？可以把它的外形、结构、材料等写得具体一点。当然它还有许多神奇的功能啦！可以举几个例子介绍一下。大胆发挥你的想象力吧！如果你想要思路更清晰一点， |

续表

| 年级 | 学期 | 单元 | 小练笔 | 口语交际 | 单元综合训练 |
|---|---|---|---|---|---|
| 四 | 下 | 二 | 一 | 更改内容，还可以说说自己对这则新闻的看法；然后小组选出最感兴趣的一则新闻来参加班级的新闻发布会；最后还将评选班级"最佳新闻发言人""焦点新闻" | 可以借助思维导图的形式，把你要写的内容要点列出来，也可以先画一画，寻找一下设计的灵感。<br>要求：题目自拟，字数不少于300字 |
| | | 三 | 主题：亲近大自然<br>题目：大自然中的色彩<br>同学们，我们在第6课《绿》这首诗歌中通过感受作者笔下的文字想象作者描绘的大自然景象，大自然还有其他的色彩吗？请你动一动笔，用诗歌的形式来描绘一下大自然的色彩吧！字数不少于200字 | 主题：诗情画意<br>题目：我是小主编（可自拟）<br>通过这一单元的学习，我们收集、创作了许多诗歌，如果你是一个报社的主编，现在需要你编一本适合同学们阅读的小诗集，你会编排哪些内容呢？再想想怎么编排，可以给这些美丽的小诗配上插图。每个人负责做什么？小组讨论之后制作一个创编诗集的方案吧 | 主题：校园生活<br>题目：轻叩诗歌大门<br>之前我们制定了创编诗集的方案，紧接着大家通过小组合作的方式，创编了富有特色的诗集，如何展示我们的劳动成果呢？我们是不是可以举办一个诗歌朗诵会 |

续表

| 年级 | 学期 | 单元 | 小练笔 | 口语交际 | 单元综合训练 |
|---|---|---|---|---|---|
| 四下 | 下 | 四 | 主题：合理想象<br>题目：《白鹅》后续<br>我们从丰子恺大师的笔下感受到了白鹅的高傲，也从课文的插图中看到了白鹅的吃相。形神兼备的漫画对文本进行了诠释，如此高傲的白鹅还会体现在哪里呢？请大家展开想象，也来画一画白鹅漫画图，编写一个后续故事吧。<br>要求：字数不少于200字 | 主题：社会生活<br>题目：保护濒危动物（可自拟）<br>同学们，你们知道大自然目前存在多少种动物吗？他们分布在哪里？有些动物在生活中随处可见；有些动物却早已灭绝，只存在于书本中；还有些动物数量稀少，濒临灭绝。如果你是国际动物保护组织的宣讲员，你会怎么呼吁人们来保护这些濒危动物？选择一种濒危动物，介绍它的情况，尤其是它的濒危处境，可以借助图画让更多人认识它 | 主题：喜爱的动物<br>题目：我的动物朋友<br>从以下情境当中选择一个，向别人介绍自己的动物朋友，或者自己创设一个情境。你可以写自己养过的动物，还可以选择你熟悉的其他动物，写之前可以画一张思维导图，想一想可以从哪些方面介绍它，它在这些方面有没有自己独特的特点？<br>要求：字数不少于300字 |
|  |  | 五 | 主题：校园生活<br>题目：我的学校游览图<br>同学们，通过学习我们知道了按一定的游览顺序介绍景物的写法，我们跟随着作者的脚步游览了海上日出、双龙洞、颐和园等美景，同学们一定跃跃欲试了，请你给我们的学校也设计一份游览图并讲给其他同学听吧。<br>要求：字数不少于200字 | 主题：校园生活<br>题目：我们去春游之旅游攻略（可自拟）<br>这次我们四年级同学的春游地点已经确认了，到时候会让小队合作，自由活动，如果提前制作一份旅游攻略，一定能让大家玩得更加尽兴。所以你们还等什么呢？赶快查一查这里有什么好玩的，可以安排哪些活动，在春游活动 | 主题：走进自然<br>题目：游（某地）<br>你游览过哪些地方？选择一个最喜欢的地方，按照游览顺序画一张简易路线图，还可以标注景点名称以及做出推荐指数，这样就能为其他游客制作一份旅游攻略啦！然后可以按照一定顺序把自己的游览过程写出来分享给大家，重点描写令你印象深刻的景物，抓住特点，别忘了使用过渡句，让景物 |

84

续表

| 年级 | 学期 | 单元 | 小练笔 | 口语交际 | 单元综合训练 |
|---|---|---|---|---|---|
| | | 五 | — | 中需要注意什么问题……可在小组内进行交流，还可以结合时间制定行程表跟班级同学进行分享交流 | 的转换更自然。要求：补充题目，字数不少于300字 |
| 四 | 下 | 六 | 主题：成长故事<br>题目：我的成长小故事<br>同学们，我们在学习了《我们家的男子汉》这篇课文后，都忍不住想为这位男子汉竖起大拇指。生活中，你有没有像男子汉那样成长的故事，尝试着给自己的成长故事画一个序列图，起一个小标题来写一写吧！字数不少于200字 | 主题：校园生活<br>题目：朋友相处的秘诀<br>生活中，再好的朋友有时也会闹矛盾，这不，最近班里有一对好朋友发生了争吵，让我们来看看他们发生了什么吧？（播放视频）你能做一个调解员，帮助他们和好吗？你有过类似的经历吗？你觉得朋友之间相处的秘诀是什么？可以小组讨论，每个小组成员至少提出一条大家认为最重要的意见，然后根据示例，汇总这些意见 | 主题：成长故事<br>题目：我学会了_____<br>在成长的过程中，我们学会了做很多事情，哪件事让你最有成就感呢？把它填写出来吧！你是怎样一步步学会做这件事的？按照起因—经过—结果或时间顺序画出思维导图，可以帮助你写清楚这件事的过程。在这个过程中，你遇到了哪些困难？怎么克服的？又有哪些有趣的经历呢？心情有过怎样的挣扎和变化？可以重点分享这些令你感触最深的部分 |

续表

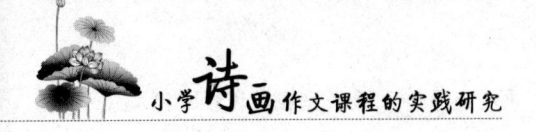

| 年级 | 学期 | 单元 | 小练笔 | 口语交际 | 单元综合训练 |
|---|---|---|---|---|---|
| 四 | 下 | 七 | 主题：人物学习<br>题目：勤奋学习的他<br>在第22课中，我们学习了《囊萤夜读》这个故事，你有没有被这个故事所打动呢？看看书中的插图，你有什么感想吗？让我们拿起笔来写一写这个故事，说说自己的感受吧！<br>要求：字数不少于200字 | 主题：校园生活<br>题目：自我介绍<br>和别人初次见面、转学到新学校……我们常常需要向别人作自我介绍。面对不同的情况，自我介绍也应该有所不同。选择或创设一个情境，试着作自我介绍。介绍前可以想一想是要向谁介绍自己，介绍自己的目的是什么，介绍时需要注意什么，还可以给自己画一张自画像，然后同同学交流，听听他们的意见，看看有什么需要改进的地方 | 主题：展示自我<br>题目：我的"自画像"<br>假如班级来了一位新老师，他想尽快熟悉班里的同学，你能以"自画像"为题写一篇文章，让他更好地了解你吗？写之前可以为自己简单画一张卡通肖像，在肖像的四周列出自己的其他信息，如外貌特征、性格特点、最大的爱好和特长等。这样就形成一张富有个性的"自画像"啦！按照这张自画像，把自己的特点写出来，最好举一些具体的事例，让别人更好地了解你。字数不少于300字 |
| | | 八 | 主题：合理想象<br>题目：我的宝葫芦<br>在学习了《宝葫芦的秘密》这篇课文后，你是否对这个宝葫芦产生了深刻的印象？是否也想要一个这样属于自己的宝葫芦呢？请大家展开想象，画一画这个宝葫芦，并试着来介绍一下你的这个宝葫芦的神奇之处吧！<br>要求：字数不少于200字 | 主题：心灵家园<br>题目：谁是最可爱的人（自编）<br>故事中总是有很多可爱的人，如善良的人鱼公主、机智的阿凡提、勇敢的普罗米修斯……谁是你心目中最可爱的人呢？选择一位童话故事或历史故事中的人物和同学交流想法。可以借助表格搜集资料，可以借助具体事例说清楚你最喜欢他的理由 | 主题：奇思妙想<br>题目：故事新编<br>同学们，你们都知道《龟兔赛跑》的故事吧？如果改变这个故事的结局，那么新的故事情节可以怎么写呢？大家可以小组合作，先选择一个熟悉的故事，每位同学都尝试改编故事的情节或结局，还可以进行续编，创造一个新的故事，然后写下来，在小组内分享，选出最有趣的故事，然后合作制作连环画 |

注：以上图谱由蒋枫、蔡凯燕、田慧丽、陶琴、叶含玉、齐若冰、周艳、俞璐、余庆月编注。

## 五年级诗画作文课程图谱（表2-12）

表2-12  五年级诗画作文课程图谱

| 年级 | 学期 | 单元 | 小练笔 | 口语交际 | 单元综合训练 |
|---|---|---|---|---|---|
| 五 | 上 | 一 | 主题：大自然<br>题目：仿白鹭悠然栖息图，绘鸬鹚黄昏捕鱼图<br>根据一组鸬鹚捕鱼的照片，按照由远及近的顺序观察环境及鸬鹚的外形、动作等。仿照第1课《白鹭》第6到8自然段的三幅画面的写法，以"鸬鹚黄昏捕鱼图"为主题写一个片段，勾勒美好的画面。<br>要求：字数不少于250字 | 主题：校园生活<br>题目：观集体生活，定班级公约<br>根据一组班级日常生活照片，发现班级中存在的问题，提出班级建设目标。结合问题和目标，进行小组讨论。各小组汇报交流，整理交流内容。全班表决，制定班级公约 | 主题：童年生活<br>题目：忆心爱之物，抒珍爱之情<br>每个人都有自己的心爱之物。想想你的心爱之物是什么？观察照片，写它是什么样子的，你是怎么得到它的，它又是怎么成为你的心爱之物的 |
| | | 二 | 主题：历史人物<br>题目：细赏课文插图，详绘"请罪"场面<br>观察课文插图，结合人物性格特点，扩写"负荆请罪"这个场景。想想廉颇请罪时会说些什么，语气怎么样，有什么动作，有什么神态。再想想蔺相如见了廉颇会有什么反应，他又会说些什么，做些什么。把这些内容写具体 | 主题：热爱生活<br>题目：漫谈乡亲之情，细说搭石之趣<br>用较快的速度默读课文，读的时候集中注意力，不要回读。了解课文主要内容，思考并说说《搭石》一文给你留下印象最深刻的画面是什么？把画面跟同桌说一说，相互评一评，提提建议 | 主题：学校生活<br>题目："特写"人物，"漫画"老师<br>同学们，你们喜欢漫画吗？如果要给一位老师画漫画，你会选择谁呢？让我们用文字把老师"画"出来吧。先想想你的老师有什么突出的特点，如外貌、衣着、性格、喜好。再选择一两件能突出其具体特点的事件来写。<br>要求：字数不少于400字 |

续表

| 年级 | 学期 | 单元 | 小练笔 | 口语交际 | 单元综合训练 |
|---|---|---|---|---|---|
| 五 | 上 | 三 | 主题：神话故事<br>题目：梳理故事线，巧绘连环画<br>小组合作为《牛郎织女》故事绘制连环画。先联系第10课、第11课课文，梳理《牛郎织女》故事的主要情节。讨论你们打算画哪些内容，为每幅画配怎样的文字。再根据各自的特长分工完成。完成后以小组形式提交，张贴在班级的语文园地中，分别从绘画和文字两个角度评出最优秀的作品 | 主题：民间故事<br>题目：讲民间故事<br>同学们，除了本单元学习的课文，你还知道哪些民间故事呢？我们来开一场民间故事会吧！讲故事时，要注意语气语调，配合动作把故事讲得生动具体。老师为大家准备了一些连环画，大家可以借助它们将故事的重要情节和细节讲清楚。讲给同学听，听完后互相评一评 | 主题：民间故事<br>题目：缩写故事<br>当你读到一个比较长的好故事时，想要把它介绍给别人，就需要缩写故事的内容。根据老师给出的原文和插图，请同学们认真思考，可以运用摘录、删减、改写和概括等缩写故事的方法。缩写完成后，对照原文，看看故事是否完整，情节是否连贯 |
|  |  | 四 | 主题：重现诗境<br>题目：古诗改编<br>搜集关于诗人陆游生平和《示儿》一诗创作背景的资料。结合课外资料，根据《示儿》一诗的内容，展开想象，将诗歌改写成为短文。想象诗人去世前心里想了什么，对儿子说了什么。内容要具体。<br>要求：字数不少于250字 | 主题：走近历史<br>题目：观近代史料，议毁园之痛<br>观看纪录片《圆明园》，结合课文《圆明园的毁灭》，思考"为什么圆明园的毁灭是中国文化史上不可估量的损失，也是世界文化史上不可估量的损失"。边看边做笔记。看完纪录片后，整理笔记，列成提纲，小组内互相交流，同学之间评一评，最后小组派代表参与全班交流 | 主题：畅想未来<br>题目：绘制思维导图，畅想家乡未来<br>家乡是每个人出生的地方，二十年后的家乡会是怎样的呢？让我们从环境、工作、生活等方面大胆展开想象，绘制思维导图。再把思维导图上的内容，整理成写作提纲，明确自己要写什么，从哪些方面来写。按照提纲，分段叙述，把重点部分写具体 |

续表

| 年级 | 学期 | 单元 | 小练笔 | 口语交际 | 单元综合训练 |
|---|---|---|---|---|---|
| 五 | 上 | 五 | 主题：动物世界<br>题目：聚焦微景观，细"绘"其灵动<br>请同学们观看三种动物活动的短视频（蚂蚁搬家、喜鹊筑巢、小鸡啄米），选择其中一种动物的活动，仔细观察，仿照课文《松鼠》第四自然段写一段话，用文字写出动物的灵动。<br>要求：字数不少于250字 | 主题：动物世界<br>题目：绘白鹭，说特点<br>如果将一篇充满诗情画意的散文改写成说明性文章，会变得怎样呢？请同学们查找白鹭的相关资料，试着将课文《白鹭》第2～5小节改成说明性文章，绘制白鹭的形象，并向同学们介绍白鹭。而后同桌互相评一评 | 主题：童年故事<br>题目：介绍一种事物（可自拟）<br>《风向袋的制作》是否勾起了你对童年的美好回忆？也许你做过风筝，也许你做过鸟笼，也许你做过孔明灯……请同学们选择一种你感兴趣的小制作，绘制思维导图，用说明性的文字介绍你制作的过程。题目自拟。<br>要求：字数不少于400字 |
|  |  | 六 | 主题：难忘亲情<br>题目：定格那一刻，细述"寸草心"<br>《慈母情深》中母亲的举动让作者动容，我们的生活中也有让我们感动的时刻，那些忍不住鼻子一酸的时刻：下雨天，母亲为我们撑伞，自己却淋得湿透；每一天早晨，早早放在餐桌上的母亲做的早饭等。请以《定格那一刻，细述"寸草心"》为题，画一画那一刻的场景，用文字描绘那一刻的感动 | 主题：难忘亲情<br>题目：简笔画亲情，话说父母爱<br>天下所有的父母都爱自己的孩子，从我们呱呱坠地的那天起，他们就倾注了自己无私的爱。根据P83的三个事例，选择一个有类似经历的事例。先画一幅简笔画《父母之爱》，大概勾勒父母对"我"的爱，再和同桌说一说你眼中的《父母之爱》，同桌之间互相评一评 | 主题：难忘亲情<br>题目：绘难忘一幕，谈内心真情<br>你和爸爸妈妈可能是无话不说的好朋友，也可能平时你们交流机会并不多。不妨把千丝万缕的话语梳理一下，可以回忆和他们之间难忘的事，选取最感人的一幕。先画一画最让你感动的一幕画面，再把想对他们说的话写下来，与他们真心"交谈"吧！<br>要求：字数不少于400字 |

续表

| 年级 | 学期 | 单元 | 小练笔 | 口语交际 | 单元综合训练 |
|---|---|---|---|---|---|
| 五 | 上 | 七 | 主题：热爱自然<br>题目：《山居秋暝》（自编）<br>生活中的细微处蕴含着生活之美、生活之乐，请结合对《山居秋暝》的理解，根据插图，具体描绘秋雨初晴后傍晚时分山村的旖旎风光和山居村民的淳朴风尚。<br>要求：字数不少于250字 | 主题：热爱自然<br>题目：绘一季之景，说其景之美<br>四季之美藏于景，请同学们以景为内容，仿照《四季之美》，以口语为表达形式，用发现美的眼睛去挖掘，绘一绘某一季节之景，用诗意的话语诵读诗歌《＿＿＿季之美》，与同桌交流分享大自然的美，同桌之间互相评一评 | 主题：热爱自然<br>题目：观＿＿＿之变，"绘"自然之妙<br>选一幅画，结合你的生活经验，展开合理想象，写出景物之变化。<br>要求：字数不少于400字 |
|  |  | 八 | 主题：热爱阅读<br>题目：绘读书经历，谈其中之法<br>"书山有路勤为径"，《古人谈读书》中提到古人读书的方法：有志、有识、有恒。你在读书经历中有没有一些小启发？请你先画一画读书方法的思维导图，并写下你理解的读书方法和大家分享。<br>要求：字数不少于250字 | 主题：图绘人物，道出特点<br>题目：我喜欢的人物形象<br>相信大家在阅读文学书籍时，会被人物吸引和感动。请同学们选择一个你最喜欢的人物形象，查找资料，以剪贴画和表格的形式呈现给大家，并讲清楚人物、出处和喜欢的理由，同学们之间互相评一评 | 主题：热爱阅读<br>题目：推荐一本书<br>读一本好书如同交一个好朋友。那就请你选择口语交际中的一本书，把最重要的推荐理由绘制成思维导图，然后再用文字有条理地写一写。<br>要求：字数不少于400字 |

续表

| 年级 | 学期 | 单元 | 小练笔 | 口语交际 | 单元综合训练 |
|---|---|---|---|---|---|
| 五 | 下 | 一 | 主题：赏插图，改古诗<br>题目：画古诗<br>选择《古诗三首》中的一首，结合注释，观赏插图，根据诗歌内容展开想象，将其改写成短文。<br>要求：字数不少于250字 | 主题：走进父母的童年<br>题目：画父母童年，说父母儿时<br>看一看父母的儿时照片，与父母聊聊他们的童年，画一画父母的儿时生活。与同桌说说父母的童年岁月，说完后，请同桌互相评价 | 主题：成长故事<br>题目：那一刻，我长大了<br>寻找或绘制一张表现"我长大了"的图片。叙述自己成长过程中印象最深的事情，把事情的经过写清楚，特别是要把自己长大的"那一刻"的情形写具体，记录当时的真实感受。题目可自拟 |
|  |  | 二 | 主题：图绘人物，道出特点<br>题目：古典名著人物多，我来搜索我来写<br>从第二单元课文中任选一个人物，搜索有关他的诗歌、人物肖像图和其他资料，并结合课文内容写一写他的性格特点。<br>要求：字数不少于250字 | 主题：角色扮演<br>题目：观教材剧视频，明教材剧表演<br>观看小学生教材剧表演视频，了解教材剧。以"怎么表演教材剧"为话题，开展教材剧表演前的讨论。通过小组交流，进行讨论，发表意见，听取意见，共同协商决定"选哪篇课文、如何分角色、怎么演"，组内相互评价 | 主题：热爱阅读<br>题目：写读后感<br>翻一翻你喜爱的书籍，结合书中插图，想一想书中哪些人物给你留下深刻的印象；哪些情形让你受到触动；哪些文字中蕴含的道理让你深受启发。把读这一篇文章或这本书后的感想写下来，感想要真实、具体 |

续表

| 年级 | 学期 | 单元 | 小练笔 | 口语交际 | 单元综合训练 |
|---|---|---|---|---|---|
| 五 | 下 | 三 | 主题：图绘人物，道出特点<br>题目：聚焦画面，尽显人物<br>选择以下一种情景："焦急地等人""期待落空""久别重逢"，为这个情景绘制一幅特写漫画，根据漫画，用文字描绘动作、语言、神态。<br>要求：字数不少于250字 | 主题：图绘人物，道出特点<br>题目：列图表，讲故事<br>通过列表格的形式，梳理课文中对沃克医生动作、语言、神态的描写，体会他的内心变化。再以他的口吻讲这个故事给同桌听，然后同桌之间互相评价 | 主题：图绘人物，道出特点<br>题目：他_____了<br>选择一件给自己留下深刻印象的事情，用漫画的形式，画出事情的前因后果。根据漫画，通过动作、语言、神态等，把这个人当时的表现写具体，反映出他的内心。<br>要求：字数不少于400字 |
| | | 四 | 主题：图绘人物，道出特点<br>题目：人物肖像我来画，同学是谁大家猜<br>观察一位同学在某一瞬间的表现，把观察到的内容记录下来，并为其画一幅肖像画，再试着用学过的方法写一写他。<br>要求：字数不少于250字 | 主题：图绘人物，道出特点<br>题目：《____的他/她》<br>想一想你的家人有什么特点？可以用哪些典型事例表现他们的特点，绘制表格《____的他/她》，并和同学们分享交流，同桌之间互相评价 | 主题：图绘人物，道出特点<br>题目：形形色色的人<br>选择一个你要描写的人物，选择有关他的典型事例，勾画习作导图。通过语言、动作、外貌、神态、心理等角度的细致描写，具体地表现人物特点。题目自拟。<br>要求：字数不少于400字 |
| | | 五 | 主题：改编故事<br>题目：画对阵图标，讲赛马故事<br>画齐威王和田忌赛马的对阵图标，说说为什么要这样安排，用自己的话写一写田忌赛马的故事。<br>要求：字数不少于250字 | 主题：改编故事<br>题目：借助故事插图讲述历史上许多运用谋略取得胜利的故事，请找一找相关的资料，并根据插图，把插图上的故事讲给同学听，同桌之间互相评一评 | 主题：改编故事<br>题目：观探险影片，述探险过程<br>同学们，你们看过关于探险的影片吗？想象自己是影片中的主人公并画出来，把探险的过程写具体。<br>要求：字数不少于400字 |

第二章　小学诗画作文课程图谱的建构

续表

| 年级 | 学期 | 单元 | 小练笔 | 口语交际 | 单元综合训练 |
|---|---|---|---|---|---|
| 五 | 下 | 六 | 主题：热爱自然<br>题目：走进荷兰牧场，书写优美画面<br>《牧场之国》这篇文章第2～5节描绘了一幅幅美丽的画面，搜集荷兰牧场风光图片，选择一个画面进行描写。<br>要求：字数不少于250字 | 主题：生活体验<br>题目：我是小小讲解员<br>学校有客人来，需要你帮忙讲解学校有代表性的地方；亲友到你家做客，需要你介绍一下家里的摆设或周边的环境；暑假开始了，博物馆需要志愿讲解员。选择一个情境，做一名小小讲解员，然后同桌之间互相评价 | 主题：中华文化<br>题目：欣赏中华文化遗产，漫谈名胜古迹特点<br>我们的祖国有很多令人骄傲的世界文化遗产，凝结着我们祖先的汗水和智慧，搜集中国世界文化遗产的照片，选择自己感兴趣的写下来。<br>要求：字数不少于400字 |
| | | 七 | 主题：想象表达<br>题目：妙用语言，趣话五官<br>《手指》一文围绕五根手指不同的姿态和性格进行描写，语言风趣幽默，仿照课文的表达特点，从人的五官中选一个，画一画，并写一段话。<br>要求：字数不少于250字 | 主题：想象表达<br>题目：我们都来讲笑话<br>笑话能给我们带来快乐。请小朋友收集一些笑话，可以是从报纸、杂志上看到的漫画，也可以是从别人那里听到的，准备几个形式简短、思想健康、蕴含一些生活道理的笑话，以画配字或字配画的形式讲给大家听吧！请同学们认真倾听，并同桌之间做出评价 | 主题：生活体验<br>题目：漫画的启示<br>漫画能让我们会心一笑，也会让我们有所思考，借助漫画的标题或简单的文字提示，联系生活中的人或事，思考漫画的含义，写一写自己受到的启发。<br>要求：字数不少于400字 |

续表

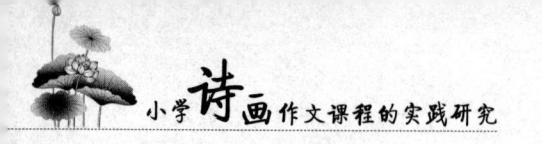

| 年级 | 学期 | 单元 | 小练笔 | 口语交际 | 单元综合训练 |
|---|---|---|---|---|---|
| 五 | 下 | 八 | 主题：童年生活<br>题目：难忘小学生活<br>从一年级到五年级，我们一定有许多美好的回忆，回忆我们生活中的点点滴滴，把印象最深刻的内容记录在时间轴上，和同学们一起分享一下。<br>要求：字数不少于250字 | 主题：童年生活<br>题目：DIY毕业卡片，赠送临别之言<br>荀子说："赠人以言，重于金石珠玉。"同学们，你们就要离开母校了，在这离别之际，向你的同学送上最真挚的临别赠言，并把它写在一张漂亮的DIY卡片上，同桌之间互相交流，并评一评，说一说 | — |

注：以上图谱由曹欢勤、孔繁杰、陈静怡编注。

# 第三章

# 小学诗画作文课程的实施

# 第一节　教学设计

## 一、诗画作文三种课堂教学模式

### （一）小练笔课堂教学基本模式

1. 激趣导入，揭示课题

（1）启发谈话。

（2）借助图片。

（3）回顾所学内容。

2. 巧借画文，导练说写

（1）出示诗画元素（文——片段，诗词；画——静态、动态、实物再现）。

（2）指导说写。

3. 互动交流，评改习作

（1）小组（同桌）交流。

（2）指名交流，教师评改。

4. 课堂小结，课后拓展

### （二）单元综合训练课堂教学基本模式

1. 启、导

（1）启：创设交际情境，激发孩子表达的欲望。

（2）导：借诗画（文）元素来指导学生表达的策略和方法（出示评价表）。

2. 练、写（说）

（1）学生自主写（说）。

（2）教师随机指导。

3. 评改

（1）教师选择典型的习作进行示范评改。

① 优秀的进行展示，再次明确写作要点。

② 对共性的不足进行针对性地指导。

（2）学生自主改和同伴相互评改。

学生当众朗读改好的作品，体验到习作成功的快乐，固化学生习作兴趣。组织学生进行评议。

（3）指名交流分享，着重对修改的地方进行评价。

（三）口语交际课堂教学基本模式

1. 创设情境，导入课题

2. 借助画文，导学方法（评价表）

3. 组际交流，互动评改

（1）组内交流。

（2）大组分享。

4. 总结延伸，平台分享

## 二、教学设计选编（表3-1）

表3-1　教学设计选编

| 学校：鑫都小学 | 年级：二年级 | 班级：（1）班 | 人数：38 |
|---|---|---|---|
| 课程类型：小练笔 | 课题：写话——我最喜爱的玩具 | 教师：陈静怡 | 日期：2020-10-16 |
| 教学设计 ||||

一、教学目标
1. 学习审题，对话题产生兴趣，围绕话题先说后写。
2. 借助图片和视频，从样子、玩法等方面介绍玩具，表达对玩具的喜爱之情。
3. 写话时尝试用学过的词语和句式。
4. 学习写话格式要求："段首空两格""标点符号占一格"等。
二、教学重难点
重点：借助图片和视频，从样子、玩法等方面介绍玩具，表达对玩具的喜爱之情。
难点：写话时尝试用学过的词语和句式

续表

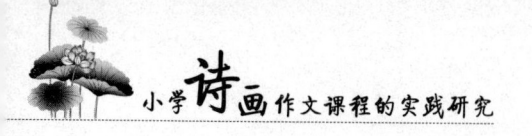

| 教学设计 |
|---|

三、制定依据
（一）教材分析
本篇写话是二年级上册教材中第一篇课内写话练习，主题是说说写写自己喜欢的玩具。教材用指导语加图示的方式引导学生打开思路，从玩具的样子、玩法等方面来写，并且提示了写话最基本的要求："写在方格纸上""标点符号也要占一格"，引导学生注意写话的基本格式要求。起始阶段的写话练习重在培养学生把自己想说的话用文字表达出来，培养书面表达兴趣。对学生的写话内容不做过多要求，能写几句就写几句。
本篇写话适合使用图文结合的教学方法。图画的直观效果是语言、文字等教学手段所不能达到的。图画工具，可以是单幅画或多幅画，也可以是静态画或动态画，如视频等。学生调动各种感官去观察图画。这些鲜活的表象激发学生的学习兴趣，有助于学生对言语进行梳理和加工，培养学生的写话思维，进而提升其写话能力。

（二）学情分析
本篇写话的话题十分贴近学生生活，使学生有话可说，有话可写。对于写话内容，教师在指导学生审题的基础上，以引导学生表达为主。低年级是写话的起步阶段，本班学生虽然在练习中进行过写话训练，但对于写话的规范还需要继续强调，打好基础。
儿童思维的发展是从形象思维逐步过渡到抽象逻辑思维的过程，特别对于低年段学生，他们的具体形象思维成分居多。低年段语文教学中应该结合这一思维特点，尝试科学地使用图画作为教学工具提高学生的言语表达兴趣和能力。

四、教学准备
1.提前观察自己最喜爱的玩具，并把它画下来。
2.准备写话用的练习纸。
3.准备PPT课件。

| 教学过程 |||||
|---|---|---|---|---|
| 教学环节<br>对应目标 | 教师活动 | 学生活动 | 设计意图<br>评价关注点 ||
| 一、激趣导入，揭示课题<br>对应目标： | 同学们，生活中有这样一种朋友，它陪伴我们成长，给我们带来许多欢笑，这个朋友就是玩具。同学们，你们有玩具吗？说一说，你都有哪些玩具？<br>今天，我们的话题是我最喜爱的玩具。老师把"最喜爱"三个字用红色标注，是什么意思呢？<br>预设：强调是一种玩具 | 介绍自己的玩具（指名回答）<br><br>学习审题 | 以教师谈话导入的方式引出"玩具"这个主题。介绍玩具以引发学生的学习兴趣。指导学生审题，从"最喜爱"三个字明白只介绍一种玩具。<br>评价关注点：回答问题有序响亮，语言完整。同学回答时尊重他人，认真倾听 ||

续表

| 教学过程 |||
|---|---|---|
| 教学环节<br>对应目标 | 教师活动 | 学生活动 | 设计意图<br>评价关注点 |
| 二、巧借画文，导练说写<br>对应目标：<br>2、3、4 | （一）图文结合，话说玩具<br>1. 昨天老师要求大家观察并画一画自己最喜爱的玩具，现在我想请同学来分享一下，说说你为什么喜欢它？<br>2. 同学们，你们都有最喜爱的玩具了，老师也想展示一下我最喜爱的玩具。它就是？<br>预设：你说出了我最喜欢的玩具的名字，感谢你。（板贴）<br>3.再仔细地观察一下这幅图片（按照顺序），你看到了什么？<br>预设：从上往下、从下往上、颜色、形状、材料。<br>谢谢大家，通过你们的介绍，我猜没有见过毽子的人也知道了它的样子。（板贴）<br>4.那毽子到底该怎么玩呢？<br>5.播放视频，观察老师是怎么玩的 | 展示图画，介绍玩具<br>（指名回答）<br><br><br>观察图片<br>学习观察<br>指名回答<br><br><br>观看视频<br>学习观察<br>指名回答 | 这一环节准备了丰富的图画工具。安排学生提前画一画玩具，目的是让学生提前观察。出示毽子的图片和视频，指导学生学会观察，把眼睛观察到的内容加工转化成语言，为学生写话提供支架。<br>评价关注点：观察是否按照一定的顺序，观察是否细致。语言表达能否做到通顺、完整，符合图片内容 |
| | （二）图文转化，范文引路<br>过渡：通过你们的表达，老师知道了毽子的玩法。毽子这么好玩，老师怎么能不喜欢它呢？我把我心里的话写下来了。<br>1. 请同学们读一读，说一说你的发现。<br>2. 老师写得好不好，好在哪？<br>预设：从名字、样子、玩法方面介绍。<br>3.请小朋友再从格式、书写方面观察一下。<br>4. 看来老师的写话小妙招，大家也都发现了，我们一起来总结下：<br>（1）借助图片，从样子、玩法等方面来写；<br>（2）用学过的词语和句式；<br>（3）注意写话格式 | 自由朗读范文<br><br>指名回答 | 经过说一说的环节，结合范文，把图画资料转化为书面表达。通过评价范文的方式，学生能自主发现范文中值得学习的地方。最后归纳总结写话妙招。<br>评价关注点：发言响亮，说清楚范文的优点，学会写话方法 |

续表

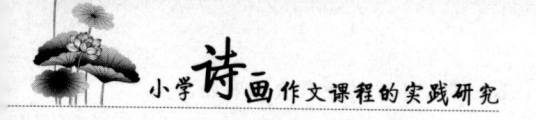

| 教学过程 |||| 
|---|---|---|---|
| 教学环节<br>对应目标 | 教师活动 | 学生活动 | 设计意图<br>评价关注点 |
| 二、巧借画文，导练说写<br>对应目标：<br>2、3、4 | （三）写话实践<br>1.现在就请你们拿起笔，像老师这样也写一写自己最喜爱的玩具，聪明的你们，一定可以做到。<br>2.同学们赶紧开始吧，给大家15分钟时间 | 完成写话 | 安排课堂写话，使学生能运用刚才学习的写作妙招，写一写自己最喜欢的玩具。<br>评价关注点：精神集中，按规定时间完成写话。写话时姿势端正，书写认真 |
| 三、互动交流，评改习作<br>对应目标：<br>1、2、3、4 | 1.表扬写作中书写端正、完成速度快、写作认真的孩子。<br>2.教师示范点评：随机抽取一篇代表性例文，结合评价表点评。<br><br>写话摘星表<br><br>借助图片，从样子、玩法等方面来写。　★★★<br>用学过的词语和句式。　★★★<br>段首空两格，标点符号占一格。　★★★<br><br>3.生生互评：同桌交换写话画稿，读一读，在互评的地方，点评画星 | 展示交流<br><br>学习评价 | 教师的及时表扬会给学生带来极大的写作成就感，这对起步阶段的孩子是非常重要的。学生在听范文，评范文的过程中再次明确写话要求，利于学生的课后改进。<br>评价关注点：认真倾听，能根据评价表点评 |
| 四、课堂小结，课后拓展<br>对应目标：<br>1、2、3、4 | 同学们写得都不错，课后请大家再读一读、改一改。老师要把这次的写话作业张贴在学习园地中，让我们分享最喜爱的玩具，分享快乐 | 聆听总结 | 将写话内容与班级活动结合，帮助学生树立写话为生活的意识，强调写话的交际作用。<br>评价关注点：认真倾听 |
| 板书设计 | 我最喜爱的玩具<br>名字　样子　玩法 |||
| 作业设计 | 完成写话练习，根据讲评修改 |||

## 三、教学设计方案

### （一）"漫画"老师（表3-2）

表3-2 "漫画"老师

| 学校：闵行区莘松小学 | 年级：五 | 班级：（2）班 | 人数：40 |
|---|---|---|---|
| 课程类型：综合训练 | 课题："漫画"老师 | 教师：俞璐 | 日期：2020-12-09 |

一、教学目标
1. 能抓住人物特点，合理定下习作对象。
2. 根据本单元"通过具体事件突出人物特点"的写法，围绕"漫画"老师用一两件具体事例描写老师。
3. 能关注人物细节描写，抓住老师的动作、语言、神态等，将事例写具体。
4. 对照习作评价单，能评价、修改同学和自己的习作。

二、教学重难点
1. 根据本单元"通过具体事件突出人物特点"的写法，围绕"漫画"老师用一两件具体事例描写老师。
2. 能运用具体的描写手法使老师的形象更加突出。

三、制定依据
1. 教材分析

本单元安排的是一次写人的习作，习作话题为"漫画"老师。此话题限定了选材范围：熟悉的老师形象。老师前冠以"漫画"二字，凸显了习作要求——用语言文字突出教师的特点，把教师的形象写得鲜活、有趣，激发学生的习作兴趣，使学生喜欢写，有内容可写。

在诗画作文课程图谱中，此类型的习作学生在四年级已经接触到，如《我的"自画像"》，这篇习作同样是描写人物特点的文章，但较之四年级的要求，五年级的这篇习作又提高了一些要求，在会描写人物特点的基础上能够通过一两件具体事例描写清楚人物的特点，这对学生的习作提出了进一步的要求。

教材第一部分激发学生习作兴趣，明确习作内容。以学生熟悉的漫画引入，意在说明本次写作的重点是让学生从自己的视角出发，写一位喜欢的老师，像漫画表现人物一样，要突出教师某一方面的特点。之后列举三位有鲜明特点的教师形象，涉及"穿着、语言、表情、行动、教学风格、师生关系"等多方面特点，引发学生展开联想，打开习作思路，提示选材的角度。在选定习作对象——老师的这个环节，结合"诗画"作文的实践，设定学生动笔画一画自己想要习作的老师，通过课前的绘画激发学生的习作兴趣。

教材第二部分提出本次习作的具体要求——用文字给可爱的老师"画像"，特别强调选择一两件事例突出人物某一方面的特点，这是这次习作的重点。与中年级习作要求相比，五年级要求"写出特点"，既要写出人物外貌、性格、爱好等方面的特别之处，还要结合具体事例表现人物特点。

续表

在这部分的学习环节,可以运用诗画载体之———思维导图的构建来帮助学生更好梳理文章的结构,帮助孩子在习作中做到有序、有意。

教材第三部分强调完成习作后的分享交流。本次习作的对象是学生自己熟悉的老师,课后也可以请老师参与习作的评价,既能促进师生关系的和谐,又能让学生明确习作的实际交流价值。

三幅漫画式插图,与创设情境的文字部分相对应,分别是语文老师、体育老师和数学老师的漫画形象。

2.学情分析

《课程标准》对于第三学段学生的习作有"养成留心观察周围事物的习惯,有意识地丰富自己的见闻"的要求。本单元目标之一为"结合具体事例写出人物的特点",这一点在单元内第5课、第6课中都有所体现。故本次习作将着力于引导学生围绕人物特点梳理生活细节、典型事例,丰富自己的见闻,并培养学生留心观察周围事物的习惯。

对于学习者而言,学生在生活中观察老师,对于老师的衣着、举止能够捕捉到位,而教学的主要问题集中在能否选取能够突出某一特点的细节、事例,还有对事例的描写是否生动。故教学中应引导学生围绕教师突出特点,能够发现相应的生活细节,并适当丰富典型事例,对老师的特点进行生动地描写。

学生自三年级起便开始接触写人的文章,但是每个年段习作的要求各不相同,此次的习作重点不仅是知道老师的"特点",更需要通过像漫画那样的手法把老师的特点用一两件具体事例放大,使得老师的特点更为鲜明,这对学生审题以及选材做出了更高的要求。另外,诗画作文的载体,如思维导图的绘制也是学生第一次遇见,这需要在之后的诗画习作课中不断实践

| 教学过程(2课时) ||||
|---|---|---|---|
| 教学环节 | 教师活动 | 学生活动 | 设计意图 |
| 一、<br>启、导 | 一、"漫画"点题<br>1.出示"漫画",揭示题目。<br>同学们,你们平时一定看过漫画书吧,看看这幅漫画画的是谁?(出示图片)相信大家一下就猜出来了,他就是柯南,他大大的眼睛上还架着一副边框眼镜,好像已经发现了什么真相似的,让人一看就觉得很聪明可爱,这就是漫画。<br>2.了解"漫画"意义。<br>漫画就是用简单夸张的手法表现人物形象或者性格特点的一种图画。<br>3.展示课前学生绘制的教师图画,感受"漫画"的魅力。<br>课前,我们同学也给自己的老师绘制了一幅漫画,瞧——(播放视频) | 1.看图激趣。<br><br><br><br><br><br><br><br><br>2.了解"漫画"的意义。<br><br>3.根据同学所画的"漫画"猜出老师 | 通过学生生活中熟悉的漫画人物引入本次习作主题,了解漫画的意义,并展示学生课前所画"漫画",一来通过诗画的载体激发学生习作兴趣,二来也使学生从中感受到漫画突显人物特点的魅力<br>与书本内容紧密结合,通过学习书本上的习作要求,建立审题的习惯,为之后的习作打好基础 |

第三章 小学诗画作文课程的实施

续表

| 教学过程（2课时） |||
|---|---|---|
| 教学环节 | 教师活动 | 学生活动 | 设计意图 |
| 一、启、导 | 我们来看看，他们画的是哪些老师呢？各有什么特点？<br>这正是漫画的魅力所在。让你一眼就能发现这个人物的特点，一下子就能给我们留下深刻的印象。今天这节课，我们就"漫画"老师，用语言文字来突出老师的特点。<br>二、范文导法<br>1.学习习作要求：抓特点，定人物。<br>课前你想好选择哪位老师画漫画了吗？别急，我们先来读一读习作提示。（出示提示要求）<br>教师提炼：教材提示我们，可以从老师的穿着、语言风格、表情、行动特点、教学风格和师生之间的关系等方面来写老师的特点，在动笔前，我们得先仔细观察身边的每一位老师，确定自己的写作对象，发现他们的特点。<br>板贴：定人物抓特点。<br>2.交流"漫画"的老师及特点。<br>3.范文引入，提炼要点。<br>（1）范文引入，思考问题。<br>有位同学写了这样一篇文章，请同学们仔细读读他的文章，想象他的老师有什么特点，他是如何表现出来的。<br>（2）交流提炼，绘制导图。<br>提列要点：选择恰当事例，"画"出老师特点。<br>①要把这些特点说清楚，我们可以选择能反映这个特点的具体事情来写。<br>②说说所给的事例和特点是否恰当。<br>总结：选取的事情要恰当，要符合老师的特点，确定写某个老师的特点之后，我们就要选择最能突出老师特点的一两件事情去表现，准确地画出这个老师的形象。<br>（板贴：选事例） | 4.学习习作要求。梳理可以抓住人物特点的几个方面。根据穿着、语言风格、表情、行动特点、教学风格和师生之间的关系等方面确定习作对象。<br><br>5.交流"漫画"老师的特点。<br><br>6.学习范文，知晓要点，自读范文思考问题。<br><br>（1）交流例文中老师的特点。<br>①了解要点。<br>②交流事例与特点是否恰当。<br><br>（2）交流例文如何表达老师的特点。<br><br>（3）完善思维导图，小组交流。<br><br>7.了解评价表。 | 通过例文的学习，逐渐点拨要点，在学生交流的过程中绘制习作构思的思维导图，帮助孩子建立习作构思，发散习作思维，提升习作效率 |

103

续表

| 教学过程（2课时） ||||
|---|---|---|---|
| 教学环节 | 教师活动 | 学生活动 | 设计意图 |
| 一、启、导 | （3）提列要点：通过细节描写把人物"画"具体、生动。<br>要说"漫画"老师，就是运用更凸显特点的表达方式来写出老师的特点，你觉得这篇范文哪些表达很不错呢？<br>（板贴：重描写）<br>教师在交流过程中绘制导图。<br>（4）自主绘制导图，构思习作结构<br>下面我们也来试试，根据你选择的老师特点用具体的事例表现出来，完善你的思维导图。在小组间交流。<br>三、总结评价表 | —— | —— |
| 二、练、写 | 出示评价单学生自主练写 | 学生对照评价单以及思维导图自主练写 | 给予学生习作的时间，也是对之前指导课效果的体现 |
| 三、评改 | 1.教师示范评改习作。<br>对照评价单，让我们来看看这位同学写的文章，指名读文，并发现问题。<br>预设：<br>（1）事例不突出老师的特点。<br>（2）详略不当，主要人物的描写要适当增加。<br>（3）两件事情需反映老师的同一特点。<br>2.学生自改。<br>3.同桌互相改。<br>4.全班交流。<br>5.总结要点。<br>今天的这节课，我们通过评改、修改作文，有针对地对我们"漫画"老师的具体事例进一步明确了要求，课后同学们也可以把你的习作给你所写的老师看看，让他也来评一评，相信这一定是一件非常有意义的事 | 1.指名评改作文，一起发现问题。<br><br><br><br><br>2.自改作文。<br>3.同桌互改。<br>4.指名读文。<br>5.总结拓展，读给"漫画"的对象老师听，让老师也来评一评 | 对照习作评价单，学生能有针对性地评价他人的作文，在示例评价作文的指引下，也能对照自己的文章进行再修改，使习作更完善。<br><br>扩大评价老师的范围，让笔下的老师也来听一听，评一评，使习作更有意义 |

## （二）趣味故事会

表3-3　趣味故事会

| 学校：明强小学 | 年级：三 | 班级：（8）班 | 人数：40 |
|---|---|---|---|
| 课程类型：口语交际 | 课题：趣味故事会 | 教时：1 | 日期：2020-06-18 |

一、教学目标
（1）能恰当使用表格、示意图、插图、思维导图等形式，将故事的内容梳理清楚，快速、准确地记住故事的主要内容。
（2）能自然、大方地把故事讲给别人听，并运用合适的方法，把故事讲得更吸引人。
（3）认真听别人讲故事，能记住主要内容，并能简要说出自己的感受和想法。
二、教学重难点
（1）能通过合适的方式将故事的内容梳理清楚并把故事讲得更吸引人。
（2）倾听时注意力集中，记住主要内容，听后能就有趣之处作简单评议。
三、制定依据
1.教材分析
三年级下册语文第八单元的人文主题是"有趣的故事，留下的不仅是开心的笑声，还有许多的思考"。单元语文要素是：
（1）了解故事的主要内容，复述故事。
（2）根据提示，展开想象，尝试编童话故事。
"趣味故事会"这堂口语交际课是基于故事单元学习之后的生活化的口语实践。讲故事与复述有相关联之处，因此口语交际版块是对前面所学内容的实践，是对单元语文要素的内化、迁移和运用。故事会的顺利开展，口语交际的有效实践，都为单元习作《这样想象真有趣》作铺垫。部编版小学语文教材从三年级上册到四年级下册共安排了4次与讲故事有关的口语交际训练。"诗画作文课程图谱"在此基础上相应设计了4次以诗画为载体的口语交际训练，即三年级上册的《暑假新鲜事》、三年级下册的《趣味故事会》、四年级上册的《讲历史人物故事》以及四年级下册的《小小新闻发布会》。这4次诗画模式下的以讲故事为主题的口语交际训练体现了年段差异，关注学生不同阶段的知识能力水平，前后训练之间有内容的衔接、方法的呼应、能力的递进等。以诗画为载体的由浅入深的渐进式的教学实践，有助于学生实现知识与能力水平的螺旋式提升。本单元的口语交际"趣味故事会"是根据单元主题"有趣的故事"安排的一个话题，它指向复述能力在生活中的实际运用。
2.学情分析
走进本单元，你会阅读一些有趣的故事：急性子顾客找慢性子裁缝做新衣服，结果啼笑皆非；方帽子店只卖方帽子，结果方帽子成了古董；一只老虎想吃驴，一个贼想偷驴，他们来到一户人家打算行动，最后一齐吓昏了；一个只有枣核那么大的孩子帮助村民要回牲口，并惩治县官。本单元选编的四篇课文故事性极强，能够较好地吸引学生的阅读兴趣。学生在学习这几篇课文时，积极性会更高。本单元的语文要素是"了解故事的主要内容，复述故事"，习作要求是"根据提示，展开想象，尝试编童话故事"。通过学习本单元课文，学生不仅会提高复述故事的能力，领会故事中蕴含的道理，还会激发他们创编童话的兴趣，让他们乐于学习，享受学习。而口语交际版块则落实学生思维与语言表达能力的培养，需要学生

续表

把有趣的故事讲出来，而且要讲得吸引人，同时听故事的人也要做一个合格的听众—说起讲故事，学生们兴致高昂，跃跃欲试。对于三年级的学生来说，三言两语讲出故事并不难，难得是有声有色地讲故事，讲出故事的趣味性，吸引大家的注意力。在本单元的课文学习之后，大部分同学已经初步具备复述故事大意的能力，本次口语交际课就是结合单元学习目标，在学生已学会复述故事大意，能针对自己感兴趣的情节进行简单评议的基础上进行的。三年级下册的学生不仅要会讲故事，按照一定的顺序讲清故事的来龙去脉，还要学习讲生动，通过讲故事的技巧，如仪态自然大方，模仿人物说话时不同的语气、表情，甚至加上适当的手势等，从而把故事讲得更吸引人。对于听众而言，要养成认真倾听的良好习惯，敏感捕捉故事中的关键信息，听后能就相关内容做简单评价。口语交际活动对于讲述者和听众都有一定的要求，其更加关注学生的交际素养，对于班级中交际能力较弱的学生来说，是有一定难度的，是需要循序渐进，逐步培养提升的

| 教学过程 ||||
|---|---|---|---|
| 教学环节<br>对应目标 | 教师活动 | 学生活动 | 设计意图<br>评价关注点 |
| 一、创设情境，导入课题 | 1.交流<br>（出示《慢性子裁缝和急性子顾客》《方帽子》《漏》和《枣核》四篇课文的插图）本单元中，我们读了好几个有趣的故事，其中你最喜欢哪个故事？有趣在哪里？说说理由。<br>2.揭题<br>有趣的故事大家都喜欢听。今天，我们就来场班级"趣味故事会"，大家都来讲讲有趣的故事吧。（板贴课题） | 借助插图，交流本单元中最喜欢的故事 | 通过谈话导入，借助插图回忆故事情节，点明故事的趣味性，创设交际情境，激发学生的参与兴趣，为下面的口语交际设下铺垫。<br>评价点：语句通顺完整，能说出有趣之处，喜欢的理由 |
| 二、借助画文，导学方法 | 1.精选故事，凸显趣味<br>（1）交流所选择的故事的名字，并用一两句话介绍故事中最有趣的地方。<br>（2）听者评价交流的故事是否有趣，是否吸引自己，激发听故事兴趣。<br>（3）教师小结：选的故事内容有趣，就能吸引别人来听。<br>2.图文结合，记忆趣味<br>要把故事内容讲清楚，首先你要能记住故事的内容。<br>（1）运用本单元学过的复述方法（借助表格、示意图和文字提示等），帮助记住故事的内容<br>（2）拓展其他方法（预设：借助故事插图、列提纲、绘制思维导图等）帮助学生记住故事的内容。 | 交流故事的名字和简要内容<br>倾听者评价<br><br>交流记住故事内容的方法 | 通过互动交流，教师总结归纳，引导学生逐步明确本次口语交际的具体要求。<br>评价点：<br>能明确口语交际中讲述者和听者的交际要求 |

续表

| 教学过程 |||||
|---|---|---|---|---|
| 教学环节<br>对应目标 | 教师活动 || 学生活动 | 设计意图<br>评价关注点 |
| 二、借助画文，导学方法 | （3）前后桌讨论，交流各自故事的题目、记忆方法和内容。<br>（4）教师巡视，选出典型的学习单投影，然后全班交流、评价。<br>（5）教师小结：图画不仅能帮助讲故事的人巧妙记住有趣的故事，还能帮助听故事的人更直观地了解故事内容，了解其中有趣的地方。<br>3.声情并茂，表达趣味<br>交际小贴士：运用合适的方法，把故事讲得更吸引人。<br>（1）指名学生讲故事，投影其小报，其余同学边看小报边听。<br>（2）学生评价。师生互动，生生互动，指导讲述者应该如何借助语气、表情的变化以及适当的手势把故事讲得更吸引人。不足之处及时重建。<br>（3）教师小结：抑扬顿挫的语调，丰富的神态表情都能为你的故事增色，如果能加上适当的手势就更吸引人了。<br>4.认真倾听，捕趣评价<br>交际小贴士：认真听别人讲故事，记住主要内容。<br>（1）故事会对于讲述者和听众都是有要求的。听的时候还要注意些什么？<br>出示"故事会评价表"，简要指导。听别人讲故事时，我们要集中注意力认真听，记住主要内容。听完后，还要说说别人讲的故事有趣在哪里？他记故事的方法怎么样？评价一下讲故事的同学是否自然大方，也可以提出具体的改进建议。<br>（2）指名学生上台讲故事，关注讲故事能力的提升；听众评价，关注评价的要点。<br>（3）教师小结：讲故事就要把自己融入故事的角色中，配上恰当的表情、动作，绘声绘色地讲，才能使故事更加吸 || 前后桌讨论，交流学习单<br>全班交流<br><br><br><br><br><br>指名讲故事<br><br>指名评价<br>讲述者适当重建<br><br><br><br><br>指名回答<br><br><br><br>了解评价表<br><br><br><br>全班交流<br><br><br><br><br>指名讲故事<br><br><br>指名评价<br><br>自由练习讲故事 | 记住故事内容的方法不是随便选择的，应该结合自己所要讲的故事的特点来选择。通过教师的点评，引导学生选择自己喜欢和合适的方法来帮助自己记住故事。本环节渗透诗画元素，由课内到课外的图文方法拓展，再到学习单的实操，均体现循序渐进的教学策略。<br>评价点：能结合自己所要讲的故事的特点来选择合适的记住故事主要内容的方法，并通过图文并茂的形式呈现 |

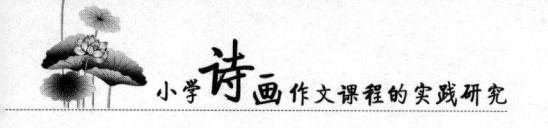

续表

| 教学过程 |||||
|---|---|---|---|---|
| 教学环节<br>对应目标 | 教师活动 || 学生活动 | 设计意图<br>评价关注点 |
| 二、借助<br>画文，导<br>学方法 | 引人，而插图、思维导图等图文结合的形式，可以让你的听众留下更加直观的印象。<br>（4）自己尝试讲一讲故事 || — | — |
| 三、组际<br>交流，互<br>动评改 | 1.组内交流：对照评价表，组内同学轮流讲故事，听众对讲述者的表现进行打星评价，评选出"小组故事大王"。<br>2.大组分享：推选几位"小组故事大王"上台展示，其余同学做评委评一评，讲述者礼貌回应听众。教师根据板书，适当点评 || 小组合作交流<br><br>根据评价单进行组内评价与评选<br><br><br>全班展示讲故事<br>听众评价 | 通过多种形式的交流与互动，让每一位学生积极参与，避免口语交际成为个别学生的交际展示台，同时让学生明确当别人在讲述时，自己要认真听，抓住别人交流中的重点并能有效回应。<br>评价点：<br>小组内合作交流的顺利程度，讲述者和听众的交际素养 |
| 四、总结<br>延伸，平<br>台分享 | 1.总结：<br>故事会上，作为讲述者，首先要选好故事内容，然后借助图文结合的形式记住故事情节，通过语气、表情的变化和手势的运用把故事讲得更吸引人；作为听众，要认真听，记住故事的主要内容，点评时要先肯定别人的优点，再提出建议。<br>2.作业布置：<br>课后大家可以把自己讲的趣味故事录制成视频，发到钉钉班级群中，同学们对最吸引人的故事进行点赞，一周后我们将结合点赞评价选出"班级趣味故事大王" || 录制趣味故事的视频上传<br><br>云端点赞评价 | 口语交际能力的培养不应只局限于课堂。对没有来得及分享的故事，学生可以通过视频录制的方式上传班级群，师生同伴可以进行云端点评。<br>评价点：<br>线上学习的便捷性让课内教学得以延伸。学生为有趣的故事点赞评价 |

续表

| 板书设计 |
|---|
| 口语交际<br>精选故事，凸显趣味<br>图文结合，记忆趣味　　趣味故事会　　认真倾听，捕趣评价<br>声情并茂，表达趣味<br>　　　　　　　　　　　　语气　　表情　　手势<br>小贴士1：运用合适的方法，把故事讲得更吸引人<br>小贴士2：认真听别人讲故事，记住主要内容 |

## 四、课堂教学评价

### （一）指导思想

语文学科是工具性与人文性统一的学科。教师在教学中要突出语文学科特有的人文魅力，激起学生表达兴趣，发展学生的表达能力，陶冶学生的情操，与学生的生活紧密相连，引导学生做到语文生活化，生活语文化。

语文课程评价不仅是为了考查学生达到学习目标的程度，更是为了检验和改进学生的语文学习和教师的教学，改善课程设计，完善教学过程，从而有效地促进学生的发展。在评价的手段上，《课程标准》强调评价要注重多样化和灵活性。具体说，就是要综合运用多种评价方式。在课堂评价的主体上，新课程标准要求把教师的评价与学生的自我评价、相互评价和家长的评价结合起来，用多个角度评价来形成一个综合性的较为全面准确的评价。

新课程理念下的创新评价应从评价理念人本化、评价功能激励化、评价主体多元化、评价内容综合化、评价形式民主化、评价方法多样化等方面来进行，以激发学生自主表达、快乐表达的欲望的能力。

教学实施的过程是课堂教学评价中比较显性的部分，也是教师和学生有效参与教学最为重要的评价，因为它真实地反映了课堂教学中教师和学生是否参与课堂教学的始终。

### （二）诗画作文课堂教学评价

小练笔、口语交际、综合训练三类课型的课堂教学成效依据相应的评价表进行综合评价。

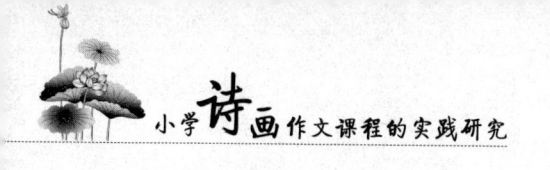

## 1. 评价表

小练笔课堂评价表（表3-4）。

表3-4　诗画作文小练笔课堂教学评价表

| 评价维度 | 评价标准 | 评价者 | | |
|---|---|---|---|---|
| | | 执教教师 | 听课教师 | 学生 |
| 教学内容（1星） | 与部编版小学语文第（　　）册教材第（　　）单元书面表达或阅读教学的训练内容相融合（1星） | | | ／ |
| 教学目标（1星） | 与部编版小学语文第（　　）册教材第（　　）单元书面表达或阅读教学训练的教学目标重合（1星） | | | ／ |
| 教学过程（4星） | 各教学环节时间安排合理（环节一：激趣导入，揭示课题，用时5分钟以内；环节二：巧借画文，导练说写，用时25分钟以内，其中高年段教师指导在10分钟以内，学生练写约15分钟，低、中年段教师指导在7分钟左右，学生练写约18分钟；环节三：互动交流，评改习作，用时约3分钟；环节四：课堂小结，课后拓展，用时约2分钟）（1星） | | | ／ |
| | 教学方法适切，引入诗画元素、思维导图等方式开展教学（1星） | | | ／ |
| | 教师教学指导要求和对学生的评价标准高度一致（1星） | | | ／ |
| | 课堂教学目标的达成度高（1星） | | | ／ |
| 教学效果（4星） | 学生兴趣盎然，能积极主动地学习（2星） | | | |
| | 学生的书面表达文从字顺，言之有序，言之有物，生动形象等（2星） | | | |
| 合计总得星数： | | | | |
| 收获或建议： | | | | |
| 执教教师： | | | | |
| 听课教师： | | | | |
| 学生： | | | | |

## 第三章 小学诗画作文课程的实施

表3-5 诗画作文口语交际课堂教学评价表

| 评价维度 | 评价标准 | 评价者 | | |
|---|---|---|---|---|
| | | 执教教师 | 听课教师 | 学生 |
| 教学内容<br>（1星） | 与部编版小学语文第（　）册教材第（　）单元口语表达的训练内容相融合（1星） | | | / |
| 教学目标<br>（1星） | 与部编版小学语文第（　）册教材第（　）单元口语表达训练的教学目标重合（1星） | | | / |
| 教学过程<br>（4星） | 各教学环节时间安排合理（环节一：创设情境，导入课题，用时5分钟以内；环节二：借助画文，导学方法，用时约10分钟；环节三：组际交流，互动评改，用时约18分钟；环节四：总结延伸，平台分享，用时约2分钟）（1星） | | | / |
| | 教学方法适切，引入诗画元素、思维导图等方式开展教学（1星） | | | / |
| | 教师教学指导要求和对学生的评价标准高度一致（1星） | | | / |
| | 课堂教学目标的达成度高（1星） | | | / |
| 教学效果<br>（4星） | 学生兴趣盎然，能积极主动地学习（2星） | | | |
| | 学生的口语表达文从字顺，言之有序，言之有物等（2星） | | | |
| 合计总得星数： | | | | |
| 收获或建议： | | | | |
| 执教教师： | | | | |
| 听课教师： | | | | |
| 学生： | | | | |

111

表3-6　诗画作文综合训练课堂教学评价表

| 评价维度 | 评价标准 | 评价者 |||
|---|---|---|---|---|
| ^ | ^ | 执教教师 | 听课教师 | 学生 |
| 教学内容<br>（1星） | 与部编版小学语文第（　　）册教材第（　　）单元书面表达的训练内容相融合（1星） | | | ／ |
| 教学目标<br>（1星） | 与部编版小学语文第（　　）册教材第（　　）单元书面表达训练的教学目标重合（1星） | | | ／ |
| 教学过程<br>（4星） | 各教学环节时间安排合理（环节一：创设情境，导入课题，用时5分钟以内；环节二：借助画文，导学方法，用时约10分钟；环节三：组际交流，互动评改，用时约18分钟；环节四：总结延伸，平台分享，用时约2分钟）（1星） | | | ／ |
| ^ | 教学方法适切，引入诗画元素、思维导图等方式开展教学（1星） | | | ／ |
| ^ | 教师教学指导要求和对学生的评价标准高度一致（1星） | | | ／ |
| ^ | 课堂教学目标的达成度高（1星） | | | ／ |
| 教学效果<br>（4星） | 学生兴趣盎然，能积极主动地学习（2星） | | | |
| ^ | 学生的书面表达文从字顺，言之有序，言之有物，生动形象等（2星） | | | |
| 合计总得星数： |||||
| 收获或建议： |||||
| 执教教师： |||||
| 听课教师： |||||
| 学生： |||||

## 2. 评价说明

（1）评价维度

诗画作文三类课型课堂教学的评价包含四大维度，即教学内容、教学目标、教学过程、教学效果。课堂教学评价要从这四个维度进行评价。

① 教学内容

三类课型课程图谱的教学内容与部编版小学语文教材的内容相融合，既选择保留了教材中适合学生进行诗画训练的内容，又以教材为基础，进行了相应内容的补充和拓展。在三类课型每节课的评价表中，教学内容都应细化为该节课的相关内容。例如，在表3-4中，小练笔的教学内容要体现为该节课的具体教学内容，并注明该教学内容是与哪个年段第几册语文教材中第几单元的书面表达或阅读教学训练内容相融合。

② 教学目标

教学目标的制定符合课程标准中对相应年段学生的要求，教学内容篇幅适中，精简适当。诗画作文课堂教学的对象是一至五年级的小学生，课程标准按照教学年段将其划分为低段、中段和高段，不同年段、不同课型的教学目标是不同的，成螺旋上升的态势。部编版小学语文教材各年段各单元都有明确的年段目标、学期目标、单元目标，诗画作文三类课型的教学目标与部编版小学语文教材的教学目标重合。在三类课型每节课的评价表中，教学目标都应细化为该节课的相关目标。例如，在表3-5中，口语交际的教学目标要体现为该节课的具体教学目标，并注明该教学目标是哪个年段第几册语文教材中第几单元的书面表达训练目标。

③ 教学过程

三类课型教学过程的评价首先是对教学环节时间的控制情况进行评价。充裕的时间可以使学生在课堂上有自改和相互评议的时间。为确保学生在课堂上有较充裕的时间完成自主表达或口语交际实践，小练笔、口语交际和综合训练三类课型在不同的教学环节都有相应的教学任务和教学用时要求（表3-4、表3-5、表3-6）。教学评价要将这些方面的情况作为评价的标准之一。例如，在小练笔和口语交际课中，学生练习表达的时间不少于10分钟。这一切力保各教学环节教学目标能有效达成，提升教学效率。接着，要对教师整个教学过程中教学指导要求和对学生的评价标准是否高度一致进行评价。此外，对师生课堂教学目标的达成情况进行评价。课堂上学生是否得到提高和发展，是检验课堂教学质量的重要标准，教学各环节设定的教学目标达成情况是评价课堂教学是否有效的一个非常重要的标准。

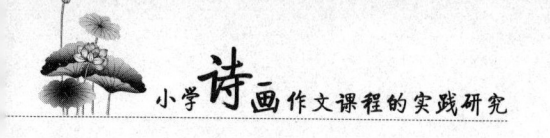

④教学效果

三类课型教学效果的评价主要聚焦于学生的课堂表现。法国教育家第惠斯多说："教学艺术的本质不在于传授，而在于激励、唤醒和鼓舞。"课上学生的学习兴趣、投入度和表达欲望的程度与教学效果息息相关，学生乐说、乐写、乐评会极大地促进教学效果的达成。具体到诗画作文教学课堂上，其表现就是学生是否兴趣盎然，能否积极主动地学习；学生的口头或书面表达是否文从字顺，言之有序，言之有物，生动形象等。

（2）评价者

诗画作文三类课型的评价者由听课教师、执教教师和上课学生共同构成。听课教师和执教教师主要从教学内容、教学目标、教学过程、教学效果四个维度进行全面评价，学生则主要从教学效果这一维度对该节课上自己的表现和收获进行评价。

（3）评价方式

诗画作文三类课型课堂教学采用多元评价方式，包括师评、互评、自评。听课教师、执教教师和学生根据评价表对该节课进行整体的评价。此外，在教学过程中，每个教学环节、具体的教学任务下，还有执教教师对若干个学生表达交流情况的评价、同学之间的互评、组内互评、学生自评等，这些融合整个教学过程，不再体现在评价表中。教师可根据教学需要自行设计相关组内互评、自评表。

（4）其他

三类课型的评价表最下方都设计了"收获或建议"一栏，主要是为了使听课教师、执教教师和上课学生可以更加具体地呈现自己听课、上课或学习后的收获或者提出改进建议，以便后续改进，优化课堂教学设计，提高教学成效。

## 第二节 课程管理

### 一、课程教学时间

**（一）小练笔课堂教学基本式（1课时）**

1. 激趣导入，揭示课题（5分钟）。

2. 巧借画文，导练说写（25分钟）。

（1）高年段25分钟以内（10分钟内指导，练写15分钟）。

（2）低、中年段25分钟以内（7分钟内指导，练写18分钟）。

3. 互动交流，评改习作（3分钟）。

4. 课堂小结，课后拓展（2分钟）。

**（二）口语交际课堂教学基本式（1课时）**

1. 创设情境，导入课题（5分钟）。

2. 借助画文，导学方法（10分钟）。

3. 组际交流，互动评改（18分钟）。

4. 总结延伸，平台分享（2分钟）。

**（三）单元综合训练课堂教学（2课时）**

1. 启导（20分钟）。

2. 练写（说）（35分钟）。

3. 评改（15分钟）。

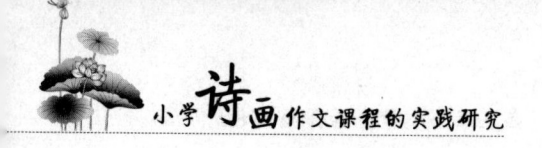

## 二、课程培训

### （一）培训目标

**1. 提升教师实施诗画作文课堂教学的实践与研究能力**

（1）转变习作教学观念，扎实开展教学实践。学员既是课程的学习者，又是研究者，同时是开创者。

（2）形成良好的学习习惯，获得可持续发展的能力。教师在研修过程中强调培养学习意识、指导学习方法，通过开展团队沙龙、同伴交流与研讨等多种形式的活动帮助自身形成和建立良好的、有效的学习习惯和学习能力，获得可持续发展的能力。

**2. 结对语文名师工作室，打造优秀教师队伍**

（1）语文名师工作室发挥示范作用，带动教师在作文教学上的主动研究和实践的兴趣。教师以名师为榜样，总结成长经验，在传、帮、带中提高地区教师队伍的整体素质；以点带面，发挥辐射作用，以名师带名校，以名校带地区，促进地方教育水平的提高，形成特色习作教学品牌。

（2）语文名师工作室在高品质的和持续的学术培训中不断造势，以研促学。

### （二）培训对象

闵行区在编在岗的小学语文教师。

要求：

（1）有强烈的学习愿望，对新事物有较好的理解和接纳能力；

（2）热衷于语文作文的创新教学研究；

（3）有学科专业知识结构，3年以上（含3年）的学科教学经验。

## （三）培训内容

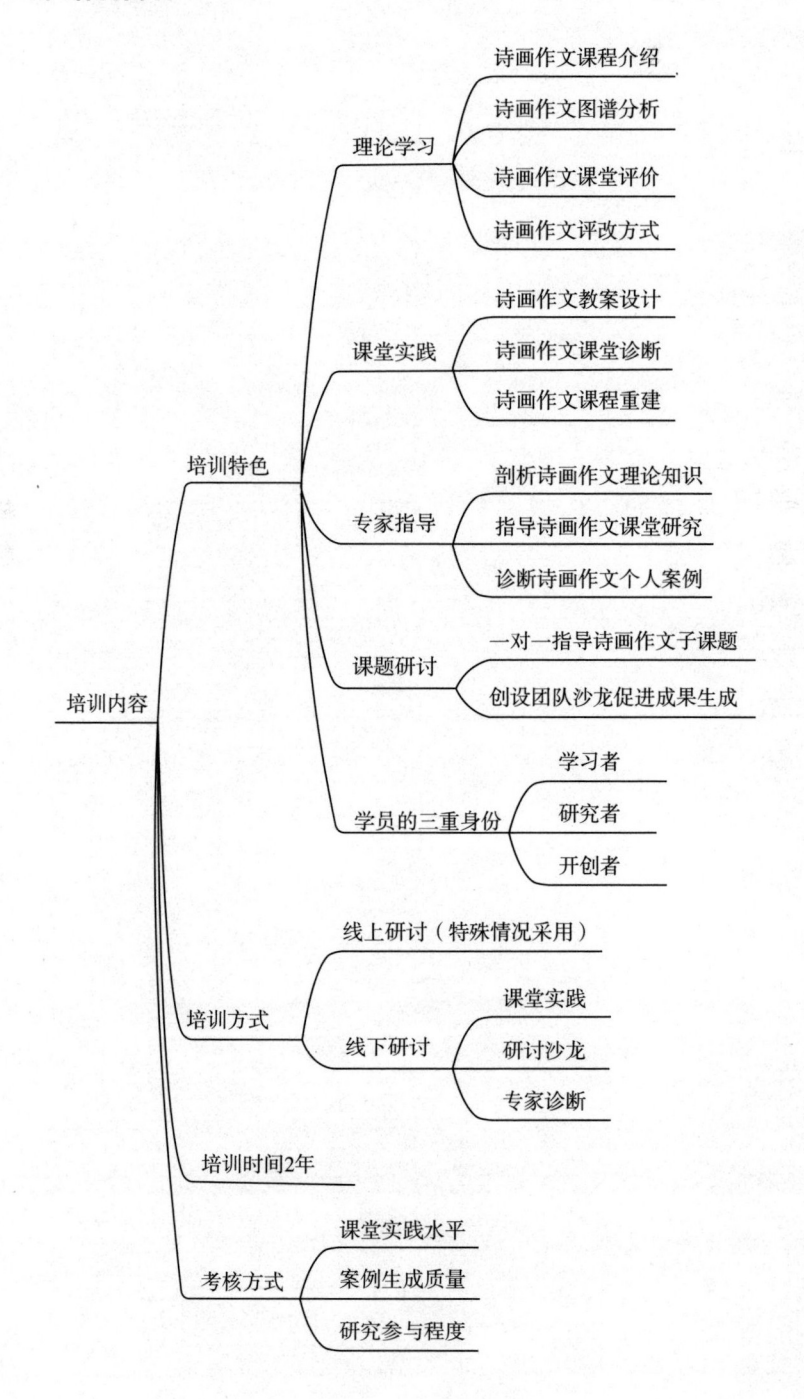

- 培训内容
  - 培训特色
    - 理论学习
      - 诗画作文课程介绍
      - 诗画作文图谱分析
      - 诗画作文课堂评价
      - 诗画作文评改方式
    - 课堂实践
      - 诗画作文教案设计
      - 诗画作文课堂诊断
      - 诗画作文课程重建
    - 专家指导
      - 剖析诗画作文理论知识
      - 指导诗画作文课堂研究
      - 诊断诗画作文个人案例
    - 课题研讨
      - 一对一指导诗画作文子课题
      - 创设团队沙龙促进成果生成
    - 学员的三重身份
      - 学习者
      - 研究者
      - 开创者
  - 培训方式
    - 线上研讨（特殊情况采用）
    - 线下研讨
      - 课堂实践
      - 研讨沙龙
      - 专家诊断
  - 培训时间2年
  - 考核方式
    - 课堂实践水平
    - 案例生成质量
    - 研究参与程度

# 第四章

## 小学生诗画作文的评改

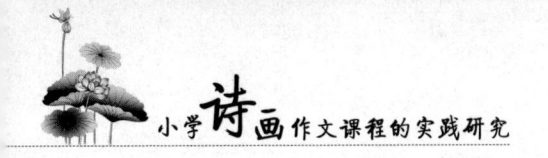

# 第一节　诗画作文的评改原则

## 一、主体性原则

在诗画作文的课堂上，教师不再是学生习作的唯一读者和评改人。无论是改还是评，都应以学生为主体。只有以学生为主体，才能发挥学生自身在习作中的主动性、积极性和创造性，激发其习作的乐趣；以学生为主体，通过学生之间的互相帮助，互相启发，可以达到共同进步的目的；以学生为主体，教师的观点和看法以及写作知识和技巧的传授才能被学生最大限度地接受并且消化。以学生为主体的评改体现在以下方面：在习作之前的启导环节，教师引导后，学生畅所欲言，各抒己见，并互相评价，使学生通过对话学会学习和尊重别人；学生自我评改，以实现自己和自己的作文进行对话，明晰自身的优点和可改进之处，进而对习作重新认识、重新发现、重新创造。我们理应把批改作文的权利下放给学生，确立学生批改作文的主体地位，为学生提供参与评改的实践机会，充分发挥学生的自觉性、主动性和积极性，提升其习作的能力。学生主体地位的实现在一定程度上也会增强教师传授习作知识和技巧实践的实效性。

例如，在四年级下册的《我的"自画像"》单元综合训练的教学中，教师启导学生明确了"图文结合，明确特点"这一要求后，接下来请学生先自己准备一下，组织语言，然后向同桌介绍一下自己的外貌特点。同桌评价对方有没有抓住自身突出的特点这一点进行介绍，然后让学生自行修改自己的习作。再请刚才介绍自己的同学讲一次，并指名其他学生评价。在此过程中，教师的巡视和建议也很重要。学生是在参考教师和同伴建议的基础上一次次围绕习作目标进行修改的，以实现自身习作能力的提升。

## 二、即时性原则

诗画作文的评改应该尽可能当堂交流，给学生及时的反馈，改变过去习作完成后教师先评学生再改的滞后性。在诗画作文教学的启导环节，教师能够及时地发现对学生习作指导评价的契机并及时做出引导或评价，在习作过程中，通过巡视也可以提出一些建议，帮助学生拓展思路。习作完成后，教师的评价也应该是即时的，让学生及时意识到自己的优点与不足，更有针对性地修改习作，提高习作素养。在诗画作文教学实践中，通过即时性评价的有效实施给予学生及时的表扬，帮助学生积极地融入课堂，树立一定的自信。

以五年级上册单元综合训练指导《即景》为例，学生习作完成之后，教师即时安排一个课时对学生的习作进行评改，见表4-1。

表4-1  学生习作评改

| 步骤 | 教师活动 | 学生活动 | 设计题图 |
| --- | --- | --- | --- |
| 一、练写 | 巡视，随机指导 | 根据启导，结合自己的生活经验，认真完成习作 | 此环节为单独的一个课时，训练学生独立自主地完成习作的能力 |
| 二、评改 | 1.选择一篇描写自然景观的习作来进行示范评改。<br>2.要求同桌互相交流，批改。<br>3.再请2~3位学生交流，同桌交流修改的内容 | 认真听讲，交流自己的想法；<br>根据教师示范，进行交流互批；<br>朗读习作，交流修改原因 | 紧紧扣住本次习作重点要求进行示范评改和修改。在评改过程中，学生体会如何把"即景"写好 |

在整个诗画作文教学环节时间的安排中，教师评改紧随习作完成进行，以体现评改的即时性，提高学生习作的水平和能力。

## 三、多鼓励性原则

对诗画作文的评改，教师应该认可学生在完成习作中付出的努力和劳动，

尽可能保护学生的自尊心，能不改就不改，能少改则少改，也就是尊重学生客观存在的差异及个体习作能力的差异，以激发学生对习作课程的兴趣。试想，当学生努力构思、尽力完成的一篇习作被老师评为"立意不高""结构不清晰""语言啰唆"等时，学生是否还愿意尽力去完成下一篇习作？在一次又一次的失落之后，面对习作，学生是否还有兴趣思考提笔？相反，如果教师在评改作文时能发现孩子习作中的闪光点和进步之处，尊重学生的劳动，只"成全"，不"求全"，提供参考意见让学生去考虑，努力寻找学生习作中值得表扬的点并及时表扬，那么在一次次的表扬中，学生能感受到习作带来的成就感，从而树立习作的自信心，实现习作能力的良性发展。

例如，指导三年级上册小练笔《奇妙的世界》时，在学生初步完成习作之后，教师投影出示学生练笔二《夏雨》：

"下雨啦！下雨啦！"楼下的人们大喊道。淘气的乌云宝宝把太阳公公完全挡住了。"轰隆隆，轰隆隆"几声巨响，闪电就像一道裂痕，把乌黑的天空撕裂了。"嗒嗒，嗒嗒"的雨下了起来。

小雨滴开启了"演唱会"模式呢！地面、窗户和树叶都是它们的乐器。有的打在地面上发出"啪啪啪"的声音，有的打在玻璃窗上发出"噼里啪啦"的声音，有的打在树叶上发出"沙啦啦"的声响……不一会儿，雨越下越大，打在窗上的小雨珠汇成了一条"小河"，"哗啦啦"地向下流。世界一下子变得热闹起来。

没过一会儿，雨停了，天空好像被谁洗过了似的，空气也变得清新了。原来耷拉着脑袋的小草伸直了脖子，变得生机勃勃起来。

教师请小作者朗读之后，在屏幕上出示小练笔评价表，学生围绕评价表互动点评，见表4-2。

表4-2 小练笔评价表

| 评价标准 | 程度 |
| --- | --- |
| 能从事物或自然现象的不同方面来介绍 | ☆ |
| 能运用恰当的修辞手法以及想象表现事物的美或奇妙 | ☆ |

学生对本篇习作作者从哪些方面介绍了雨，有无运用修辞表现出雨的特点，习作中哪些地方写得有意思等问题进行充分的评价，并且表达自己的意见，打算给这篇习作几颗星，以及还需要再改进的地方。

最后教师小结：这位小朋友把自己看到的、听到的、联想到的内容写得很具体，观察仔细，笔触细腻，特别是形容雨点打在世界万物上，就像是在开演唱会，其想象丰富，充满童趣，把雨写得可爱又有趣味。

教师的总结是对学生意见及本篇习作对应目标的升华，联系学生习作，不仅增强了本篇习作作者的信心，还为其他学生完成习作提供了参考。

## 四、多元性原则

诗画作文评改提倡评价主体多元性。诗画作文的评改主体除了完成习作的学生自己，还有学生同伴、教师、家长或者其他习作内容指向的读者。学生同伴之间的互评互改是一种良性的互动，能加深学生关于习作要求的认识，促进同伴对习作能力的认识，改进自身的不足。教师在学生习作评改中的指导和启发作用至关重要。学生习作能力和方法的缺乏，需要教师提出指导性的建议并最大限度推进学生习作认识和能力的提升。家长或者其他学生习作的读者也是评价主体之一。学生的习作来源于生活，家长作为学生生活的重要参与者对于学生习作的某些目标达成度具有重要的发言权。评价的主体根据习作内容指向的对象还有很多，如社区工作人员、家庭其他成员等。

以五年级的单元综合训练《"漫画"老师》为例，教师在习作完成之后的评改可以这样操作，见表4-3。

表4-3 习作评改

| 教师活动 | 学生活动 | 设计意图 |
| --- | --- | --- |
| 1.教师示范评改习作<br>对照评价单，让我们来看看这位同学写的文章，指名读文，并发现问题。<br>评价原则如下：<br>①能抓住人物特点，合理定下习作对象；<br>②能用一两种具体事例描写出老师的特点；<br>③能抓住老师的动作、语言、神态等描写，将 | 1.指名生生评改作文，一起发现问题<br>2.修改作文<br>3.再次朗读修改后的习作<br>4.生生评价<br>5.总结拓展，读给 | 对照习作评价单，学生能有针对性地评价他人的作文。在示例评价作文的指引下，学生也能对照自己的文章进行再修改，使习作更完善 |

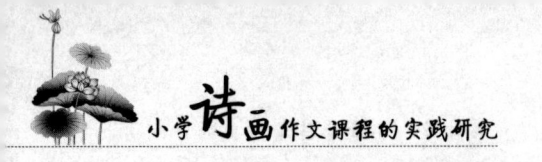

续表

| 教师活动 | 学生活动 | 设计意图 |
|---|---|---|
| 实例写具体。<br>2.同桌互相改<br>3.学生上台朗读交流<br>4.其他同学评价<br>5.总结要点<br>今天的这节课，我们通过评改、修改作文，明确了我们要"漫画"的老师的要求，课后同学们也可以把你的习作给你所写的老师看看，让他也来评一评，相信这一定是一件非常有意义的事 | "漫画"的对象老师听，让老师也来评一评 | 扩大评价的范围，让笔下的老师也来听一听、评一评，使习作更有意义 |

学生自评在练写阶段初步完成后，评改阶段评价主体包括同学、同桌、教师及习作中"漫画"的老师本人，这样经过不同读者不同角度的评价，使学生的修改更有针对性和实效性。

## 第二节 诗画作文的评改方式

鲁迅先生说:"好文章是改出来的。"作文评改是作文教学中非常重要的一个环节。随着教育理念的更新,作文评改已不再是教师的一言堂,正如《课程标准》提出,"要引导学生通过自改和互改,取长补短,促进相互了解和合作,共同提高写作水平"。可见,我们已经在积极探索作文评改的新方式。

诗画作文借助诗画元素,追求诗中有画,画中有诗,语言充满着丰富的想象力。对于诗画作文的评改,有哪些评改的方式?如何充分发挥学生的能动性,让学生积极参与作文评改中?

### 一、诗画作文的评改策略

诗画作文本身充满着想象力,但并不代表学生可随意发挥。我们注重评价先行,规范学生的习作和评改。

#### 1. 制定评价规范,明确写作方向

作文评改要关注哪些内容呢?张中行老先生在《作文杂谈》中提出:课堂作文,假定教师的评定是正确的,有好坏,分高低,主要看两个方面:①内容,也就是所表达的是什么事实、什么知识、什么思想感情等;②怎么表达的,也就是用什么体裁,行文能不能确切、简练、优美、有条理等。我们批改作文也是从内容与表达两方面来评改的。

对于学生而言,该怎么理解内容与表达方面的具体要求呢?根据诗画作文的特点,我们设计了诗情画意的评价规范。与刻板的评价量表不一样,在内容上,诗画作文的评价规范分条列出标准,这些标准有语言表达的共性要求,如

语句通顺、正确运用标点符号等；在标准上其主要体现个性化的评价目标，即每一篇诗画作文都有特别定制的评价规范。

诗画作文的评价规范，低年级注重表达方面，其在学生的写话起点阶段提出表达规范的要求。高年级更注重内容方面的要求。因此，评价规范针对年级的特点侧重点不同，不求面面俱到，只求抓主要标准。二年级下册"给长颈鹿大叔写一封信"的评价规范是能顺利写清楚内容，能正确规范地使用标点，语句通顺完整。四年级下册"我的动物朋友"的评价规范（表4-4）在评价的侧重点上有很大不同。

表4-4 "我的动物朋友"评价规范

| 评价点 | 自评 | 互评 | 师评 |
| --- | --- | --- | --- |
| 从教材提供的情境中选择一种或自己创设一个情境★ | | | |
| 根据情境，选择几个方面介绍动物的特点★ | | | |
| 能表达自己对动物朋友的喜爱★ | | | |

作文评价规范在写作之前、之中与之后都能用到，让学生的习作和评改不是凭经验、感觉，而是有了方向。

### 2. 确立评改公约，规范评改行为

作文评价规范是指引作文评改的一把尺，确定了评改的标准。除此之外，为了促进多个主体批阅时的文明有礼，教师要和学生一起制定关于作文评改的公约。

作文评改公约根据年段的不同由师生协商制定，每个班根据自身特色和学生的需要制定。比如，低年级学生要求评改作文时能修改标点符号；高年级则更关注他人的语言表达特点等。

公约一旦制定就要遵守。对于不遵守公约者，教师要批评教育，甚至是要求其停评他人习作。这让学生意识到能评改同学的作文是一件光荣的事，要认真对待；如果不用心，可能会被剥夺评改的权利。

## 二、诗画作文的评改步骤

《课程标准》里提到了语文评价的功能：应发挥语文课程标准评价的多种功能，尤其应注意发挥其诊断、反馈和激励的功能，有效地促进学生的发展。诗画作文的评改尤其关注对于学生各种能力的发展和培养。因此，我们应通过多主体、有序地进行评改。

### 1. 学生自主评改

叶圣陶先生说过："改与作关系密切，'改'的优先权应该属于作文的本人。"因此，我们要把习作评改的优先权给学生。

学生在教师的指导下，对照评价规范的要求完成写话后，要先自己读一读，检查语句是否通顺、是否有错别字、标点是否正确，是否达到了评价规范的要求等。这看起来微不足道的2分钟，让学生成为自己习作的第一读者，便于他们整体上把握自己作文的质量，也是培养学生独立评改能力的第一步。

### 2. 教师示范评改

在评改实践中，我们常常发现学生很难发现自己习作中的问题，他们往往对自己的习作很满意，即使自己知道有不足，也不知如何改进。这时，教师的示范评改非常重要。

张志公先生认为，选择一两篇有代表性的作文交给学生示范修改，能给全班学生带来启发和指导。因此，教师在示范评改习作前要选择具有典型性问题的习作进行评改。

在示范评改中，教师一定要注意自己的行为细节，力求语言规范、严谨，符号使用也要清晰、易操作。教师要把自己评改的理由讲给学生听，先进行激励性评价，再针对学生的问题提出改进的建议。为什么要这样评价？对照评价规范发现有哪些问题？该如何修改有问题的地方？这些要一一清晰地讲给学生听，帮助学生认识到评改的技巧、方法。

在学习评改的初始阶段，最便捷、省时、全面的示范是教师在示范过程中划出有典型问题的语段，指出其不足后用规范的修改符号进行修改，然后写好眉批、总批，最后把批阅的习作放到投影上，便于学生参照修改。

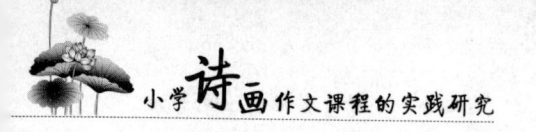

### 3. 学生再次评改

在看到教师的示范修改后，学生基本上能对本次习作的内容、表达有清晰的理解，这时候教师让学生再读一遍自己的习作，按照示范的方法进行修改。

学生再次评改作文时还会有自己的困惑，这时学生应将自己不知道怎么修改的地方做个记号，稍后向教师、同学请教；或者把自己最得意的修改做上记号，准备展示、交流。

学生自改绝不意味着教师可以作壁上观。教师要进行巡视，进行有针对性的指导，用肯定鼓励的语言表扬那些自改态度认真、方法巧妙的学生，引导其他学生以负责的态度对自己的习作进行修改。

### 4. 小组互相评改

孔子曰："三人行，必有我师焉。"小组合作学习的教育理念源远流长，今天，小组合作学习已"飞入"寻常课堂，让每一个儿童能够从中获取宝贵的学习经验，并成为当下教学的迫切需要。

对于诗画作文的评改而言，小组互相评改是小组合作学习的主要形式，也是比较受欢迎的评改方式。因为：一是可以让学生有机会展示自己的习作，也有机会近距离阅读伙伴的习作，这与"写作的目的是与人交流"这一习作理念契合；二是学生之间互相启发，互相借鉴，质疑思辨，共学共进，共生共长。

在互相评改前，教师要建立互改小组，小组一般由3~5人组成，每个小组设一名组长，选择思路清楚、表达能力较好的学生担任组长，便于让优秀学生带动基础薄弱的学生，达到共同成长。

评改的过程中参照评价规范、评改公约。首先是互换批阅。各组组长可以根据小组实际，或让每人独立阅读、修改别人的作文，或让组内的成员公开朗读自己的作文，其他人边听边提意见。通过这样的两两交换或者依次朗读，使学生作文中的优点得到发扬，缺点得到改正。对于组内解决不了的问题，成员可以进行汇总，请教老师或请教其他同学。

当学生完成互改互评后，教师应及时组织全班学生进行交流。对于评改过程中出现的"智慧火花"进行表扬，出现的问题进行讨论。教师可以推广学生中一些好的评改经验、做法和取得的成果，力求在更大范围内对同学们的集体智慧结晶进行共享，还可以设立"善于倾听奖""精雕细琢奖""妙手回春奖""最佳修改小能手"等方面的奖项，激励他们以积极的态度、严谨的方法对待修改工作，在不断地思考和修改中提升作文水平。

　　总之，作文评改是作文教学中非常重要的一个环节。学生的习作需要指导，学生的评改方法也需要指导。师生在评改的过程中确立评价规范，共建评价公约。教师率先垂范，并进行智慧地引领，巧妙地组织学生进行积极点评，让每个学生都乐于反复修改自己和他人的作文。

# 第五章

# 小学诗画作文课程实施的意义

# 第一节　诗画作文课程与学生综合素养

《中国学生发展核心素养》报告中指出，中国学生的核心素养以培养"全面发展的人"为核心，分为文化基础、自主发展、社会参与三个方面，综合表现为人文底蕴、科学精神、学会学习、健康生活、责任担当、实践创新等六大素养。进一步分析这六大素养的内涵，我们可以发现，培养学生的核心素养，首先要提高学生自主探究学习的能力，也就意味着在我们的课堂教学中，要充分发挥学生的主观能动性。只有激发学生的活力，才能让课堂变得鲜活而富有生命力，全面提升学生的综合素养。

诗画作文课程在课堂教学中始终关注学生的主体地位，发挥学生的主体作用，在此基础上，尤其注重培养学生的交流与表达的兴趣，激发学生的积极性、主动性和创造性。诗画作文课程通过大量丰富的诗画元素，系统有梯度地发展学生的形象思维、抽象思维，培养学生的创新思维，提升学生的观察能力，鼓励创新表达，让学生在丰富的实践活动中、自由而富有创意的表达中，打好文化基础，发展自主能力，促进其自主、合作、探究能力的提升，从而提升学生的核心素养和综合素养。

## 一、"活"用诗画，发展形象思维

低年段的学生以形象思维为主，他们是通过具体直观的形象来获得对世界的认知，凭借事物的具体形象或表象进行联想与想象并解决问题。只有在头脑中形成这些文字所表示的具体形象——表象，才能促进正确认识的形成，而表象的运动过程就是形象思维。简单地说，形象思维是依靠形象材料的意识领会得到理解的思维。因此，我们在诗画作文图谱中设计了认识汉字、认识拼音、诗画想象等看图说话、想象说话的活动。以一年级上册自编的八个单元的小练笔和单元综合训练为例（表5-1），教师牢牢把握孩子对于具体直观的图画材料以及富有韵味的诗歌材料等具体形象的兴趣点，将儿童对形象思维的兴趣，发展为更广泛的语言文字交流的兴趣、更自由的表达自我的兴趣，以充分发挥他们的"主体性"（表5-1、表5-2）。

表5-1　诗画作文图谱一年级上册小练笔题目及目标节选

| 单元 | 题目内容设计 | 目标（节选） |
| --- | --- | --- |
| 一 | 主题：趣味识字<br>题目：看图猜字 | 了解借助图片认识象形字的学习方法；<br>感受象形字学习的乐趣 |
| 二 | 主题：趣拼识音<br>题目：看图说话练习 | 能通过自编儿歌的方式记住声母；<br>感受到学习拼音的乐趣 |
| 三 | 主题：趣拼识音<br>题目：看图说话练习 | 能通过自编儿歌的方式记住前鼻韵母；<br>感受到学习拼音的乐趣 |
| 四 | 主题：趣想连篇<br>题目：看图想象说话 | 能学会使用简单的比喻，用"……像……"说一句话；<br>能结合课文插图，展开合理想象 |
| 五 | 主题：会意识字<br>题目：看图猜字 | 会使用加一加的办法记住汉字；<br>了解会意字的组字特点 |
| 六 | 主题：童言诗语<br>题目：根据课文说话 | 了解比喻句的用法；<br>感受小青蛙得到朋友帮助完成写诗的快乐 |
| 七 | 主题：童年趣事<br>题目：课堂内外想象说话 | 能结合生活展开联想；<br>感受想长大的快乐 |
| 八 | 主题：奇思妙想<br>题目：看图想象说话 | 巧妙设计其他方法 |

表5-2　诗画作文图谱一年级上册单元综合训练主题及题目

| 单元 | 主题 | 题目 |
| --- | --- | --- |
| 一 | 诗画想象 | 读诗·想象·交流 |
| 二 | 绘"声"会"演" | 朗读·绘画·表演 |
| 三 | 诗画想象 | 读诗·想象·交流 |
| 四 | 绘声绘色 | 吟诗·绘画·交流 |
| 五 | 诗词新编 | 读诗·创编·交流 |

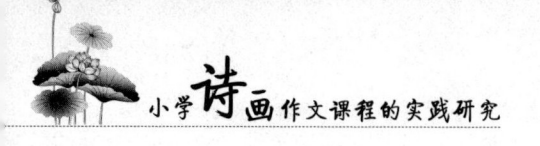

续表

| 单元 | 主题 | 题目 |
|---|---|---|
| 六 | 诗意物语 | 表演·想象·交流 |
| 七 | 诗韵童年 | 吟诗·画诗·交流 |
| 八 | 故事有"话" | 识图·读图·交流 |

## （一）"语"画激趣，构建语言思维

诗画元素中的图画包括课内插图、教师自选图片、学生自选照片、连环画、漫画、张贴画等。丰富的图画元素构成了小学生感知的生动直观的材料。如表5-1，第一、第五单元小练笔的主题分别是"趣味识字"和"会意识字"。图片能帮助学生建立与汉字的初步联系。教师把难懂的会意字构字规律通过图片展示，再通过丰富多样的识字游戏、自编儿歌等记忆方式，将"童趣""情趣"和"理趣"有机结合，初步建构学生对语言文字规律的认知，帮助学生从生动有趣的直观形象中，获得具体的表象认知，从而构建语言的形象思维，同时激发学生对语言文字继续学习的热情和自主学习的动力。

## （二）图画想象，丰富语言内涵

生动直观的图片不仅让孩子们"眼见为实"，还激发了他们无限的想象。"根据课文编儿童诗""结合生活想象说话""看图编故事"等为学生搭建了想象的平台，从课内到课外，从半开放到开放，引导学生乘着想象的翅膀，广泛地从生活中汲取素材，丰富了学生的认知，为学生的语言表达提供更多的素材。学生想象的世界和现实的世界在课堂内得以鲜活地展现，变成诗化的、童趣化的语言，调动了学生在理解课文和想象的基础上进行大胆创新的积极性。

## （三）诗"话"共叙，激发语言活力

诗歌、儿歌由于节奏明快、朗朗上口，非常适合作为激发儿童语言活力的载体。诗画作文图谱在低年段的三线题目设计中，选取了大量课内外古诗、现代儿童诗歌、儿歌等，结合了插图、宣传画、绘画、表演、朗诵、创编故事、创编诗歌等多种形式，甚至不做限定，鼓励更富有创意的表达方式。而且，设计中的每一个训练的载体和形式都不是单一的，而是互动联结，可以自由组合的。在背诵诗歌的过程中，学生在大脑中储备了丰富的记忆表象，为其语言表达内容的发展奠定基础。个性化的展示形式也极大地调动了低年龄学生自由表达的积极性,有利于他们发挥主动性和创新性。从内表到外显,从积累到运用,全方位激发其语言表达的活力。

## 二、诗画支架,发展抽象思维

小学生进入中高年段,随着阅历的增长,在获得形象思维的过程中,从感性到理性,从认知到思考,从具象到概念,其抽象思维能力不断发展,这是儿童思维发展的规律,也是需求。要满足这一需求,就要激发他们对抽象思维的兴趣。抽象思维是以概念和逻辑来认知世界的,通过分析、综合、归纳、演绎的方法对世界的本质形成更为深刻的认知。人的抽象思维和形象思维交织在一起,理性判断离不开感性认知,理性思考离不开情感体验。发展儿童抽象思维的兴趣不能脱离具体的实践活动,只有情理结合的探索活动,才能帮助学生在实践和探索中超越感官认知,获得对纷繁复杂世界更为深刻的理解,从根本上改变其作文内容空泛的现象,让学生的写作变得"言之有物""言之有序",让语言展现思维的活力。

### (一)多元架构,丰富语言表达

诗画元素为学生的抽象思维活动提供更加多元的支架。相对于低年段教育让学生借助图片自由展开想象,中高年段教育则重视学生语言表达的组织性、内在逻辑的连贯性以及创造性。因此,诗画作文课程鼓励学生采用更加自由的展示形式。学生可以采用图文展示,也可以利用图画配上音频,还可以利用搜集到的或积累的照片等资源,制作成简单的PPT动画,又或是和同学一起绘声绘色地表演……种类丰富、形式多样的"诗画支架",让学生在学习的过程中提升抽象思维能力,丰富自己的语言表达。

### (二)情境探索,焕发语言活力

诗画元素包罗万象。但一切"诗画元素"的运用都离不开教师对情境的创设,只有真实的情境才能激发学生最直接的求知兴趣,才能促使其开展有目的、有计划的实践活动。诗画作文课程通过一个又一个的探索主题活动,最大限度地从生活和网络中汲取多元的、直观的、广阔的现实和想象的材料,创设一个又一个让学生感兴趣的情境,从而极大地丰富学生的阅历,让学生在多元

观察体验活动中，获得对世界更加全面的认知；在发现问题和解决问题的过程中，提升自己推理判断的逻辑思维能力；在内部心灵与外部世界的探索中，增强自己对世界、对自我更加深刻的认知；从不同维度，培养自己对抽象思维能力的兴趣，提升抽象思维能力，发展理性思维，激发语言表达的活力。

### 三、创意写作，发展创新思维

创意写作是一种充满想象力和创意的，表达作者的思想和情感的写作形式。《课程标准》在第一部分前言中写道："时代的进步要求人们具有开阔的视野、开放的心态、创新的思维，对人们的语言文字运用能力和文化选择能力提出了更高的要求，也给语文教育的发展提出了新的课题。"其在第三部分实施建议中明确指出："减少对学生写作的束缚，鼓励自由表达和有创意的表达。"

诗画作文课程打破了传统写作教学以文字材料为主的语言载体模式，突破了以教师讲授为主的教学模式，通过加入丰富的诗歌、图画、图表、影视资源等，设计多样的探索和体验活动，丰富教材中的主题实践活动，结合互助合作的探究方式，为学生的创意写作提供灵感来源。创意来源于儿童对世界丰富的想象力和好奇心，而这些恰恰又是儿童探索世界的动力。探索的世界可以是现实生活的世界，如自然风景、人文景观、动物和植物、美食、有趣的实践活动，也可以是儿童的心灵世界，如成长过程中的心灵印迹、一张照片、一种心情、一次难忘的经历、一个印象深刻的人、对自己和他人的认识，还有富有想象力的神奇故事……探索的方式可以是亲身实践，也可以是观看图文、利用多媒体网络资源；可以是个人研究，尽情徜徉在美妙而独立的精神世界，也可以是小组探究——在头脑风暴中享受思维碰撞的快乐。

诗画作文课程最大限度地去鼓励学生使用最富有创意的写作形式来表达自我。例如，创编故事的方式：从低年段到中高年段，各种各样的童话、神话、寓言、漫画等一直是学生最感兴趣的阅读材料。所以，创编故事是学生最喜闻乐见的一种写作形式，也是学生探索和书写精神世界最有效的途径。诗画作文图谱中大量采用这种写作方式，以二年级和三年级的小练笔和单元综合训练（共64篇）为例，其中涉及创编故事的题目内容就有20篇。下表为诗画作文图谱二、三年级小练笔和单元综合训练题目内容节选（表5-3）。

表5-3 诗画作文图谱二、三年级小练笔和单元综合训练题目内容节选

| 小练笔 | 单元综合训练 |
| --- | --- |
| 看图讲故事 | 看绘本封面猜故事 |
| 看插图说曹冲称象的经过 | 绘美丽风景，写多彩世界 |
| 续编寓言故事《北风和太阳》 | 读绘本，编故事 |
| 你编，风儿有故事 | 看图编写故事 |
| 一颗种子的一生 | 看图，写一写小虫子、小蚂蚁和小蝴蝶的一天 |
| 啊，那一根长胡子 | 写小诗《当世界年纪还小的时候》（童话诗） |
| 司马光砸缸 | 我来编童话 |
| 创编寓言故事 | 续写故事 |
| 我会编童话 | 奇妙的想象 |
| 改编课文故事 | 奇妙的动物世界 |

其中包括"根据图片编故事""根据课文改编故事""根据插图预测故事""根据想象编童话""创编寓言故事""创作童话诗"……除了创编故事的形式，诗画作文图谱中还有许多富有创意的写作形式，如制作海报、动画、告示牌，改编诗，根据主题拍摄视频、情景剧，和同学一起创编一本小诗集、举办一场诗歌朗诵会、开展一次图文故事会、组织一场宣讲会……诗画作文课程利用学生的好奇心，将学生探索世界、体验真善美的需要逐步转换为形式多样、内容丰富、趣味十足、创意无限的写作兴趣。

## 四、诗画工具，提高观察能力

培养学生的观察力是学生各项学习活动中不可缺少的，当然也是我们作文教学贯穿始终的目标之一。在小学作文教学中，观察力的培养在各年段的目标要求是有差异的。《课程标准》在第一学段的"写话"目标之一是"对写话有兴趣，留心周围的事物，写自己想说的话，写想象中的事物"。由此可见，在低年段，培养的是学生的想象能力，对于观察，只用了"留心周围的事物"这一模糊的说法。而在第二学段中，《课程标准》就明确提出："观察周围世界，能不拘形式地写下自己的见闻、感受和想象，注意把自己觉得新奇有趣或印象最深、最受感动的内容写清楚。"这不仅明确了观察能力的培养目标，还明确了观察的目的——"不拘形式地写下自己的见闻、感受和想象"。第三学段则对观察的品质提出了明确的要求，即"养成留心观察周围事物的习惯，有意识地丰富自己的见闻，珍视个人的独特感受，积累习作素材"。

观察是有意知觉，即观察开始前需具备确定的目的和计划，学生按照目的与计划的要求来组织观察活动，同时在观察的过程中，思维和语言自始至终参与其中，学生对观察的结果还要进行归纳和整理，最终达到积累作文素材、梳理内心感受、形成习作思维的目的。没有观察，就不可能进行任何艺术创作。

### （一）图文并茂，积累观察素材

学生观察能力的提升，首先需要对课内外生活中的大量事物进行观察，有意识地积累优质的素材资源。但学生在现实生活的范围是有限的，缺乏整理和记录，记忆和感受会随着时间的流逝而消散，很难形成优质的作文素材。而诗画作文课程将写作和课内外知识、生活有机结合，引导学生使用图文并茂的形式去观察、理解和展示，让学生在课内外生活中有意识地积累优质的素材。以三年级上册图谱设计为例，诗画作文图谱三年级上册相关篇目节选见表5-4。

表5-4　诗画作文图谱三年级上册相关篇目节选

| | | | |
|---|---|---|---|
| 小练笔 | 第一单元 | 题目：《雨中狂欢会》（依据《花的学校》自编） | 学生在观察课文新鲜感的词句的基础上想象画面，模仿表达，学写有新鲜感的句子 |
| | 第五单元 | 题目：《我的"火眼金睛"》（依据《金色的草地》自编） | 学生借助观察记录单，认真记录观察到的景象以及自己的思考，写成一篇有趣的观察日记 |
| | 第七单元 | 题目：《美妙的声音》（依据《大自然的声音》自编） | 学生观察大自然以及生活中各种美妙的声音，结合课文中的生动语句，如拟声词、课后第三题列出的描写声音的词语，为习作积累语言素材 |
| 口语交际 | 第一单元 | 题目：《暑假新鲜事》（依据《我的暑假生活》改编） | 学生通过教材插图回忆，然后用照片、视频或实物展示等方式介绍自己暑假生活中的新鲜事或新体验 |
| | 第七单元 | 题目：《成功秘诀》（依据沪教版三年级上册《综合练习4语言实践活动》改编） | 学生通过网络等途径来观察，并对收集到的信息进行梳理整合，形成自己的观点 |
| 单元综合训练 | 第二单元 | 题目：《写日记》 | 学生用日记的方式来观察，将难忘的经历和感受记录下来，日记的形式可以是图文并茂的漫画，也可以是各种纪念照片或可以展示的实物，如邮票、车票等 |

　　在诗画作文课程中，学生的观察对象缤纷多彩，途径多元，形式丰富多样，积累的素材更是种类繁多，包括诗文、图画、照片（人物、风景、动植物、活动等）、报纸杂志、视频（影视资源）、音频……在此基础上形成表格式、画报式、贴画式、图文等各种形式的记录，有利于学生养成积累素材的习惯。而且每一种方式都记录着独特的感受，有利于形成优质的作文素材。

**（二）图表归纳，提升观察品质**

　　图表等工具可以帮助学生有目的、有计划地开展观察活动，有利于小学生对观察对象进行全面而细致的观察，有利于小学生对观察结果的归纳和整理，有利于观察到事物的细节和迅速发现事物的特点，从而提升观察的精细性和敏捷性，提升观察品质。其实，部编版教材在习作教学中也尝试了图表等形式，

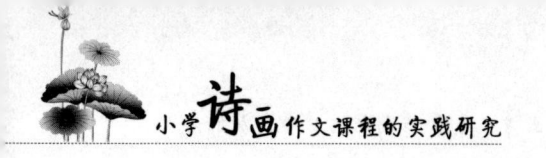

如三年级下册第一单元习作《我的植物朋友》让学生借助记录卡，通过看一看、摸一摸、闻一闻的方式观察植物；第四单元习作《我做了一项小实验》让学生借助图表整理实验信息。而诗画作文课程在承接这种方式的基础上，对其他习作也增加了利用图表归纳整理的过程。

例如，教材中三年级下册第二单元的习作《看图画，写一写》，让学生仔细观察图画中人物的活动和人物说的话，诗画作文对比则增设一张观察表格（表5-5），通过图表对照的方式，为学生搭建台阶，按照一定观察顺序仔细观察人物的动作分别是怎样的。

表5-5　诗画作文三年级下册第二单元综合训练观察表

| 位置 | 人物 | 干什么 | 说什么 |
| --- | --- | --- | --- |
| 近处 |  |  |  |
| 远处 |  |  |  |

第七单元习作《国宝大熊猫》让学生借助图表，查找资料并整理信息，然后介绍大熊猫，诗画作文课程则在教材给出信息卡的基础上，增加了思维导图，帮助学生从类别、饮食特点、居住环境、身上颜色、文化意义五个方面整理归纳大熊猫的资料信息，为学生活动提供支架，使学生既能够快速掌握大熊猫的特点（图5-1），又能在写作时做到条理分明。

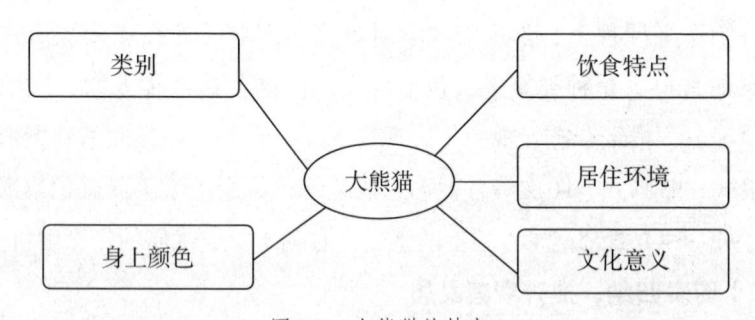

图5-1　大熊猫的特点

无论是观察事物还是搜集整理信息，图表的使用都是被允许的。诗画作文课程通过不断练习，让学生养成归纳整理的习惯，培养其观察的精细性和敏捷性，从而更加系统地提升学生观察品质，培养学生良好的观察习惯。

## 第二节　诗画作文课程与教师综合素养

### 一、诗画作文课程对教师素养提出的要求

诗画作文课程是对传统习作教学的创新，诗画作文作为新理念，其对教师素养也提出了新要求。运用诗画作文理念教学的教师需要熟悉小学作文教学理论，具备诗画鉴赏能力、信息技术应用能力、能说会写的专业素养以及儿童心理学知识。

**（一）熟悉小学作文教学理论**

教师应用诗画作文理念来进行作文教学，首先要求熟悉小学作文教学理论。

教师应对《课程标准》中指出的习作（写话）教学目标有明确的认知。《课程标准》对低年段写话的要求是学生"对写话有兴趣，留心周围事物，写自己想说的话，写想象中的事物。在写话中乐于运用阅读和生活中学到的词语。根据表达的需要，学习使用逗号、句号、问号、感叹号"。《课程标准》对第二学段的习作要求是"乐于书面表达，增强习作的自信心。愿意与他人分享习作的快乐。观察周围世界，能不拘形式地写下自己的见闻、感受和想象，注意把自己觉得新奇有趣或印象最深、最受感动的内容写清楚。能用简短的书信、便条进行交流。尝试在习作中运用自己平时积累的语言材料，特别是有新鲜感的词句。学习修改习作中有明显错误的词句。根据表达的需要，正确使用冒号、引号等标点符号"。

在以上目标的指引下，教师必须对习作（写话）的课堂教学基本模式有清晰的认知，才能在合适的环节融入诗画元素，优化课堂教学。一堂习作（写话）课应该包括作前指导、自主习作、示范评改、自主修改和交流展示五大基础环节。教师在作前指导环节重点帮助学生解决"写什么""为什么写"和"怎么写"三个问题，诱发学生的写作动机，引导学生学习表达方法。在自主习作环节，教师需要帮学生解决生字词，进行巡视和个别辅导，发现典型习

作，为后续做准备。在示范评改环节，教师需要点评典型习作，注意符号规范。在自主修改环节，教师需要检查学生的修改情况。在交流展示环节，教师应及时反馈，调动其积极性，多层次、多角度地让学生尝到成功的快乐。

此外，教师应重视对学生写作材料准备过程的评价，关注小学生习作评价的态度、过程和方法，采用多元的评价方式，实践"五步评改法"，即教师浏览—自改自评—互评互改—组长汇总—教师总评，以多元呈现方式呈现学生习作评价结果，即等级加针对性、鼓励性评语、激励性短语、星级评定法等。

### （二）具备"诗画"鉴赏能力

诗画作文与常规作文教学相比，其创新之处是引入"诗画"作为教学的媒介。应用诗画作文理念进行作文教学，因此，教师需要具备诗画的鉴赏能力，这样教师才能在备课时，通过各种渠道收集、了解可以运用于某一课程的诗画元素，并且用得巧，用得妙。

从古至今，前人留给了我们浩瀚的诗海。教师如何具备诗歌鉴赏能力？首先，教师应对古代文学史有所认识，对中国古典诗歌和现代诗歌发展脉络有所了解。其次，教师应了解各种诗歌体裁和主题，对诗歌史上重要诗人及作品有所认识。此外，就像古人学写诗前要大量读诗和背诗一样，教师为了教诗歌、用诗歌，也需要有足够的诗歌储备，能常常结合情境运用诗歌。这样，教师就能开口便是"两个黄鹂鸣翠柳"，而不是"茶米油盐酱醋茶"，诗味的语言脱口而出。语文教师开口要有"诗味"，需要精选古诗词进行诵读、背诵。尤其值得注意的是，教师应在熟读的过程，沉潜作品之中，反复玩味、推敲诗词的语言与情感，形成自己独特的审美感受。

美术绘画不是小学语文教师的专业所在，但教师若要贯彻诗画作文这一理念，就必须学会鉴赏绘画，分得清优劣。在教学中，运用自己的鉴赏能力去选择画，在教学设计时会运用"图画工具"展开课堂活动，有基本的绘画审美，能选择和运用好来自网络的绘画素材。利用寒暑假等空闲时间，教师还可以尝试学学素描、国画，这样既能丰富自己的业余生活，又能提升自己的美术素养。

### （三）具备信息技术应用能力

诗画作文对教师的信息技术应用能力提出了较高的要求。作为一种创新的作文教学方式，教师在教学过程中需要运用信息技术优化课堂，因此，应具备一定的技术素养。教师应理解诗画对改进课堂教学的作用，具有主动运用信息技术优化课堂教学的意识。教师应了解多媒体教学环境的类型与功能，熟练操作常用设备播放图画、视频、音频等；了解与教学相关的通用软件及学科软件的功能及特点，并能熟练应用；通过多种途径获取数字教育资源，掌握加工、制作和管理"诗画工具"的方法；具备信息道德与信息安全意识，将符合社会主义核心价值观和儿童心理发展特点的诗画材料引入课堂，并能够以身示范。

### （四）具备能说会写的专业素养

教师若想要教好诗画作文就必须具备良好的专业素养——能说会写。口语表达是书面表达的基础，教师要用诗意又蕴含情感的语言营造良好的课堂氛围，促进学生的交流互动，同时掌握口语表达的规范和技巧，为学生做正确的口语表达示范。除了"能说会道"，教师还应"妙笔生花"，具备良好的写作素养。这要求教师首先要具备科学知识，悉心留意身边的事物，同时能熟练运用科学观察方法；其次要具备分析综合知识，能对积累的素材进行分析、综合和筛选，发现题材的价值；再次要掌握联想想象的知识，能够将直观的感知进行加工改造，创造出新的形象和个性化的内容；最后要具备各类文体写作知识。小学语文教师要对小学生进行引导，让学生了解各类文体的特征和写法，养成作文文体明确的好习惯。教师在进行理论积累的同时，也要常常进行写作实践，多写"下水文"，这样才能站在学生角度体验写作，分析学生在写作时可能遇到的困难，为学生写作（写话）发展服务。

### （五）具备儿童心理学知识

小学低年级阶段的学生年龄尚小，特别需要教师结合他们的身心发展特点进行教学。教师需要具备儿童心理学知识，在理解学生的基础上教会学生。儿童是天生的诗人和画家。苏霍姆林斯基说过："儿童是用形象、色彩、声音来思维的。"可见，儿童与生俱来对图画就有一种亲近感，这就是兴趣。经过教师的智慧引导，学生将这种兴趣转化为学习动力，就能在学习中达到事半功倍的效果。不管是静态图画，还是动态的图画，图画工具让学生看得真切，想得清楚，说得明白，有助于发展学生的观察能力。在理解图意的基础上，还可以推前想后，发展学生的想象力。在开发学生观察力和想象力的基础上，教师利用图画中蕴含的鲜活表象，有助于学生内部言语的梳理和加工。

## 二、诗画作文课程促进教师综合素养提升

诗画作文在对教师素养提出要求的同时促进了教师综合素养的提升。通过对诗画作文理念进行实践，教师的教学设计能力、智慧教育能力、创新思维能力和问题研究意识都得以提升。

### （一）提升教师的教学设计能力

贯彻诗画作文这一理念的教师，要根据新课标和学情的要求，寻找这一理念在教学中的切入点。有的课程适合运用这种理念，有的课程不适合，教师要保持专业敏感度，有自己的判断。资源的挖掘并不是无依据的，而是有一定方向的。教师首先要结合课标规定的年段，了解课内文章的单元训练重点或单元语文要素，搞清楚学生需要在学习中达成的表达目标，推前想后，思考这一目标在学生之前的学习经历中达到了何种程度，在此基础上，进行创新思考：运用诗画元素是否会对教学产生积极影响？如果会，那么应该怎样将诗画元素融入课程。这个挖掘的过程不是一蹴而就的，需要教师不断地进行文本解读和分析，这个过程将会对教师的教材分析和教学设计能力的提升产生积极影响，为教学设计开拓出一条属于诗画作文的新路子。

以二年级下册第四单元《沙滩上的童话》一课为例，教师在教学中首先厘清了这一课所在单元的教学重点，让学生运用学到的词语把想象的内容写下来，旨在培养学生丰富的想象能力和语言运用能力。接着，教师明确了这一篇课文在单元中的定位。通过研读课后练习设计，教师发现它们都围绕着"想象"二字。二年级的学生正处于想象力丰富的年纪，如何激发学生的想象力和想象欲，引导学生把宝贵又美好的想象转化为语言？可以引导学生采取模仿段落结构，运用课内句式、学过的词语，借助表示时间的词语等方式完成对想象内容的文字表达。在解读教学重点，明确课文定位后，教师开始着手落实单元学习的重点。

这一课在表达上的教学重点：学生能根据开头试着用指定的词语，把一个故事的起因、经过、结果说清楚，语句通顺，语意连贯。如果教师在课堂上直接出示这个学习目标，学生可能会"不理解""说不出""感到没意思"。

为了避免这样的情况，提高教学效率，提升学生的学习兴趣，教师在教学中融入了诗画作文的理念，引入"故事山"这一图画工具，激发学生的学习兴趣。教师在教学过程中带领学生将故事的主人公——魔王、公主、勇士，故事的开头——抢亲，故事的经过——商量，故事的高潮——挖地道、炸城堡，以及故事的结尾——救出，一一作为板书写在"故事山"上。这样，当课文学习完，学生能利用绘制好的"故事山"板书及给定的词语作为支架进行课文故事的完整讲述。不仅如此，教师还设计了一个借助"故事山"自由编故事的作业，使得学生可以发挥想象力，进行表达实践。

### （二）提升教师的创新思维能力

在实践中，诗画作文理念对教师的创新思维能力发展也产生了积极影响。诗画作文教师需要具备创新思维的能力，打破常规思路，在传统教学理念之外，探索到诗画作文理念的优势，并积极应用于自己的课堂教学中，实践出真知。

以二年级下册"给长颈鹿大叔写一封信"为例，这个写话素材改编于部编版小学语文二年级下册第3课《开满鲜花的小路》一文，借助于课文中的一幅插图，又补充了三幅和故事情节密切相关的图画，构成了完整的故事情境。教师在设计时考虑到二年级是学生写话的起始阶段，因此重在培养学生书面表达的兴趣。部编版小学语文二年级上下两册一共安排了7次写话练习。这就意味着在起始阶段，教师要增补相应的写话资料而由一篇课文引出写话素材，就是一种创新思维。

在这堂课的推进环节中，教师贴合学情特点，选择了"有意思"的图画，创设一种情境，引学生进入想象的世界，无论是说还是写，都趣味十足。在环节一"创设交际情境，激发表达"中，教师借助人物形象的图片和生动可爱、富有个性化的鼹鼠头套，让学生转变身份，为说和写的"有意思"做了铺垫。基础偏差的学生因为有了前期阅读的基础，也能有话可说，有内容可写，克服了畏难心理。这些都能充分调动起学生的写话兴趣。此外，书信写作出现在四年级习作中，本次作为创设的情境，把故事写在印有小花的信纸上，给出了书信的格式，只要求学生写图片上的故事，这与严格意义上的书信写作是不同的。学生在二年级上学期接触过《一封信》这篇课文，了解书信表达情感的作用，学写过留言条，这些都是本次写话创设情境的基础。教师充分考虑了这些因素，并在写话时提前准备了精美的信纸，让学生有一种写信的仪式感，调动学生从说到写的情绪。

教师在这一课中的创新设计，不仅激发了学生的表达兴趣，锻炼了学生的写话能力，更将阅读教学推到了更深层次，加深了学生对故事情节和人物的理解，可谓一举两得。

### （三）提升教师的问题研究意识

新事物的出现必然伴随着新问题。教师在接触和运用诗画作文理念时，会自然而然地面对一些困难，但办法总比困难多。这时候，教师便能以问题为导向来研究解决问题的策略。以语文骨干基地（三组）为例，基地内每一位教师以大课题"以诗画为载体的小学生作文智慧教学的实践研究"为指引，在推进诗画作文的过程中，都就自己所面临的问题开展了子课题研究。

教师们共计进行了17项子课题研究，分别为：莘光学校曹欢勤教师的课题"巧用'诗情画意'，提升小学生细节描写能力的研究与实践"，田园外语实验小学刘美教师的课题"'画语'支架在写话教学中的实践研究"，明强小学乔卫丽教师的课题"以诗画为载体的小学低年段写话教学的实践研究"，罗阳小学陶琴教师的课题"依托UMU平台提升四年级学生诗画作文想象能力的实践研究"，鑫都小学陈静怡教师的课题"借助图画工具提升小学低年段学生写话能力的实践研究"，华坪小学朱冬蕾教师的课题"诗情画意学汉字——浅谈小学阶段借助儿童诗绘编分类识字的实践研究"，梅陇中心小学蒋枫教师的课题"以诗画作文为载体，提升中年段学生写作素养的实践研究"，金汇实验学校叶含玉教师的课题"丰富学生生命体验 提升人物描写画面感"，罗阳小学孔繁杰教师的课题"小学语文高年级'用文字绘画'漫画作文教学的实践研究"，明强小学邵玉茹教师的课题"借助图画挖掘写话材料，培养二年级学生写话兴趣"，明强小学蔡凯燕教师的课题"以诗画为载体的小学语文中年段口语交际的实践研究"，汽轮小学吴敏教师的课题"小学低年级口语交际教学中化'画'为'话'的研究"，莘松小学俞璐教师的课题"借助思维导图提升小学生习作能力的实践研究"，世博小学时文华教师的课题"以图画为载体，助力低年段学生在有序观察中生成诗话的策略研究"，田园外语实验小学田慧丽教师的课题"小学中年级语文诗画语言表达训练探究"，明强小学余庆月教师的课题"依托诗画作文课程提升小学中高学段学生观察能力的实践研究"，明强第二小学周艳教师的课题"诗画作文在小学高年级作文指导教学实践研究"。

每一位教师都在课题的指引下，一步一步探索，在完成了课题研究的同时，解决了实际问题，并将诗画作文课程体系不断完善。在这个过程中，教师的课堂教学效率、问题研究意识、教学科研能力都得到了提升。

# 参考文献

[1] 石中英.什么是教育活力［J］.上海教育科研，2021（3）：1.

[2] 张向众，叶澜."新基础教育"研究手册［M］.福州：福建教育出版社，2015.

[3] 褚宏启.我们需要什么样的学校办学活力［J］.中小学管理.2021（1）：60-61.

[4] 傅德金.论小学语文教育中形象思维与抽象思维的培养［J］.新课程学习.2012（10）：186.

[5] 吴玉中.中小学生语文能力培养与实践［M］.福州：福建教育出版社，2014.

[6] 卢志辉.从"说"到"写"探路写话教学［J］.课程教育研究.2020（18）：93.

[7] 郭慕清.小学语文写作教学序列化研究［D］.广州：广州大学，2016.

[8] 魏学峰.图画在小学低年级语文教学中的意义与实施策略［D］.烟台：鲁东大学，2013.

[9] 韦林枫.小学低年级写话教学的现状调查和对策研究［D］.扬州：扬州大学，2013.

[10] 鲁洁.道德与法治教师教学用书［M］.北京：人民教育出版社，2019.

[11] 朱丽丽.语文课堂教学有效参与的多维度评价［J］.散文百家（新语文活页），2015（9）.

[12] 张伟.读得懂　喜欢听　我会评——儿童视角下的小学习作评价探索［J］.语文教学通讯（刊），2020（3）.

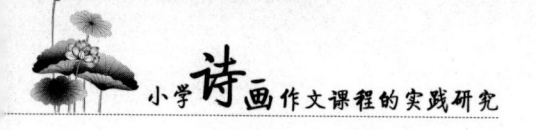

［13］刘惠丽.基于语文核心素养的初中语文作文评改研究［D］.苏州：苏州大学，2019.

［14］李大森.儿童语式"习作评改"的路径［J］.现代中小学教育，2019，35（05）.

［15］孟向阳.下笔须用情——浅谈作文评改的基本原则［J］.石油教育，2002（04）.

［16］朱伯石.写作与作文评改［J］.华中师范大学学报（哲学社会科学版），1986（04）.

［17］向远翠.作文评改的基本原则［J］.文学教育，2010（22）.

［18］沈明霞.实践作文评改的"尊重"理念和"多就"原则［J］.教育科研论坛，2006（11）.

［19］张中行.作文杂谈［M］.北京：中华书局，2012.

［20］管建刚.我的作文评改举隅［M］.福州：福建教育出版社，2013.

［21］叶圣陶.叶圣陶教育文集［M］.北京：人民教育出版社，1994.

［22］吴习庭.浅谈小学生作文修改能力培养［J］.新作文（语文教学研究），2018（1）.

［23］陈丽芳.小学低年级开放式看图写话教学浅探［D］.长沙：湖南师范大学，2012.